20.65.

73

COMMENT CHERCHER

Les secrets
de la recherche
de l'information

COMMENT CHERCHER

Les secrets
de la recherche
de l'information

Claude MARCIL
et
Robert CHIASSON

ÉDITIONS MultiMondes / DOCUMENTOR

Données de catalogage avant publication (Canada)

Marcil, Claude, 1945-
    Comment chercher : les secrets de la recherche de l'information
    Publ. en collaboration avec : Documentor.
    ISBN 2-921146-11-8 – ISBN 2-89123-115-5 (Documentor)
    1. Recherche de l'information. 2. Recherche documentaire. 3. Bibliothèques – Formation des utilisateurs. 4. Documentation, Services de – Formation des utilisateurs. 5. Ouvrages de référence. I. Chiasson, Robert. II. Documentor (Firme). III. Titre.
Z711-M37 1992   025.5'24   C92-096943-7

Coordination de l'édition : Lise Morin
Rédaction : Claude Marcil et Robert Chiasson
Révision linguistique : Solange Deschênes
Conception graphique : Norman Dupuis
Infographie : Marie Proulx

Dépôt légal : 3e trimestre 1992
Bibliothèque nationale du Québec
Bibliothèque nationale du Canada
© Tous droits réservés
ISBN 2-921146-11-8, Éditions MultiMondes inc.
ISBN 2-89123-115-5, Documentor inc.

Éditions MultiMondes inc.
845, rue Marie-Victorin
Saint-Nicolas (Québec) G0S 3L0
Tél. : (418) 831-0790
Téléc. : 831-0009

Documentor inc.
Collège François-Xavier-Garneau
1660, boul. de l'Entente, bureau 138
Québec (Québec) G1S 4S3
Tél. : (418) 682-0705
Téléc. : 681-9384

Distribution :
Medialiv inc.
539, boul. Lebeau
Saint-Laurent (Québec) H4N 1S2
Tél. : (514) 336-3941
Téléc. : 331-3916

Nous remercions M. André Cochrane, de la Bibliothèque de l'Assemblée nationale, et Mme Patricia Butler, bibliothécaire à l'Office national du film, qui ont relu les sections portant sur les sources gouvernementales et les documents audiovisuels.

❏ TABLE DES MATIÈRES

❏ INTRODUCTION

À l'âge de l'agriculture, le pouvoir appartenait aux propriétaires terriens. Puis, à l'ère industrielle, le pouvoir est passé aux mains de ceux qui possédaient la technologie. À notre époque, il appartient désormais aux personnes qui détiennent l'information.

Que ce soit pour, monter un dossier sur un pollueur, préparer des vacances, se documenter sur un produit avant de l'acheter ou de le vendre, tout le monde, éducateurs, hommes d'affaires, secrétaires, étudiants, journalistes, doit chercher de l'information.

Pour être bien informé, il faut acquérir des outils de base, posséder un gros bon sens, un minimum de pratique, un zeste de savoir-faire et, surtout, il faut éviter de vouloir tout savoir. S'il n'est nullement essentiel de tout connaître sur tout, il est indispensable de savoir où et comment chercher.

La recherche a souvent la réputation d'être ennuyeuse et difficile, en plus d'exiger une patience de moine. Comment peut-on lire avec passion un répertoire d'adresses comme le *Scott's Register*, avoir du plaisir à parcourir l'information fournie dans *Point de repère*, ou découvrir avec enthousiasme les subtilités de *Canadiana* ou du *Catalogue of Directories Published and Areas Covered by Members of International Association of Cross Reference Directory Publishers* ? Pourtant, tous les « recherchistes » confirmeront que la recherche est un véritable travail de détective, à la fois excitant et dangereusement accrocheur.

Difficile ? Pas toujours. Des défis ? Des efforts ? Oui, mais pas nécessairement continus. Trouver l'adresse de Bombardier ou de Kellog's, la population de la Mongolie extérieure, le nombre de députés « verts » en Suède, les études effectuées sur Pierre Elliott Trudeau ou l'adresse de Benoîte Groult est relativement rapide... quand on sait où chercher. Trouver dans une centaine de revues ce qu'on a écrit sur votre héros ne prendra qu'une dizaine de minutes. Il faut partir du principe qu'il y a toujours quelqu'un, quelque part, qui éprouve ce que l'on appelle dans les métiers documentaires le besoin « génétique » de ramasser et de classer des informations.

Peu importe le sujet qui vous intéresse ou la question que vous vous posez, la première étape à franchir consiste à trouver les meilleures sources d'information écrites. Même si des discussions avec des experts peuvent être fructueuses, il est peu recommandé de commencer une recherche en les contactant. Il est préférable de lire sur le sujet et d'apprendre un minimum de choses avant de rencontrer des personnes-ressources. Ainsi, vous en saurez suffisamment pour poser les bonnes questions et réaliser une entrevue intéressante.

Même à notre époque d'information électronique, les centres documentaires[1] demeurent la source d'information privilégiée où est emmagasinée la majorité des connaissances. À première vue, ces centres peuvent faire peur ; tout y semble solennel, sérieux et compliqué. Mais ce n'est pas le cas, et ce guide vise à le démontrer.

Le guide *Comment chercher* se veut une clé permettant à tous de s'y retrouver. Il explique comment chercher rapidement, économiquement et efficacement une information. Il indique également les voies les plus rapides pour trouver ce que l'on cherche et la meilleure façon d'extraire l'information à partir de différents outils documentaires. Au fil des années, quelques-uns des documents cités dans ce guide auront disparu et de nouveaux titres seront publiés ; toutefois, les méthodes pour trouver l'information ne changeront pas. Connaître et maîtriser les méthodes de recherche est plus important que de se rappeler où tel livre de référence est rangé. Une fois les ouvrages de base connus et les règles élémentaires comprises, vous serez capable d'effectuer vos recherches seul, et sans problème.

Ce guide comporte une importante section sur les bibliothèques parce qu'elles constituent la première – et la plus importante – étape de toute recherche. Tous les centres documentaires utilisent une méthodologie commune pour acquérir, traiter et diffuser leurs collections documentaires. Ces collections, gérées par du personnel, sont élaborées pour des clientèles données.

_____

1. Terme générique qui regroupe toutes les appellations d'organismes ou d'établissements qui conservent des documents pour différentes catégories d'usagers : bibliothèques, centres de documentation, centres d'archives, centres des médias, etc.

Le premier chapitre, intitulé La bibliothèque, présente l'organisation uniforme de tout centre documentaire. La normalisation des méthodes et des procédés facilite grandement l'utilisation des ressources documentaires. Une familiarisation avec la structure de base de toute bibliothèque permettra à quiconque de se débrouiller seul au cours des recherches.

Le chapitre 2 regroupe et décrit toutes les catégories de bibliothèques et de centres documentaires qui peuvent être utiles. Les villes de Québec et de Montréal sont bien sûr favorisées, mais ceux qui habitent en région seront surpris, en faisant un inventaire des ressources locales, de constater ce que l'on trouve à proximité, et de découvrir les services que leur offrent les grands centres urbains, sans avoir à se déplacer.

Les chapitres 3 et 4 analysent les sources d'information détenues par les centres documentaires, ce que nous appelons les instruments de référence. Nous présentons d'abord les outils qui permettent de trouver rapidement une information : dictionnaires, encyclopédies, annuaires, répertoires bibliographiques, etc ; puis, les outils qui servent à une recherche en profondeur.

Le chapitre 5 propose une source d'information qu'il ne faut pas négliger : les experts. Ces personnes-ressources, qu'on retrouve dans les entreprises, les gouvernements, les musées, les universités et les médias, sont souvent de véritables mines de renseignements. Le guide indique également comment les repérer et les consulter. Une section spéciale sur les affaires fait l'objet du chapitre 6.

Les chapitres 7 et 8 présentent deux catégories de documents que plusieurs personnes ont tendance à éliminer au cours d'une recherche et qui sont pourtant des sources d'information importantes : les documents audiovisuels et les publications gouvernementales.

Chercher et trouver soi-même l'information dont on a besoin est-il vraiment possible ? Certainement, et l'on peut même y prendre plaisir. Nous vous livrons ici quelques secrets pour y arriver.

❏ 1. LA BIBLIOTHÈQUE

○ Un peu d'histoire

Au nord de Londres, dans la bibliothèque de la cathédrale d'Hereford, les livres n'ont pas bougé depuis le Moyen Âge. Des chaînes les retiennent encore aux murs. À cette époque, les livres étaient rares. La cathédrale, avec sa centaine de livres écrits à la main, disposait d'une des plus grosses collections de manuscrits d'Europe et, comme partout ailleurs, on les attachait.

Jusqu'au milieu du XVe siècle, les copistes transcrivent à la main chaque exemplaire. C'est alors que l'Allemand Johannes Gutenberg invente le livre moderne. Il utilise des caractères mobiles, comme ceux d'un jeu de scrabble ; sur chacun de ces caractères, une lettre de l'alphabet est gravée. Il suffit d'assembler ces lettres pour former les mots dont on a besoin, d'aligner ces mots et de mettre en pages les lignes ainsi obtenues.

Les imprimeurs commencent à publier des ouvrages « à succès » : calendriers, brochures de vulgarisation, livres religieux, etc. La demande croît sans cesse et les imprimeries se multiplient à travers toute l'Europe. Dans les principales villes universitaires et commerciales naissent de véritables quartiers réservés aux libraires. L'imprimerie favorise aussi la prolifération des bibliothèques.

Le public, qui puise de plus en plus dans la lecture pour enrichir ses connaissances, provoque parallèlement la naissance du journal. Des feuilles « volantes » apparaissent peu après l'invention de l'imprimerie. Puis, les gazettes commencent à se répandre, en France, à partir de 1631.

Jusqu'au XVIIIᵉ siècle, la couverture des livres ne comporte aucune mention d'auteur ou de titre ; son cuir est seulement orné d'un nombre plus ou moins grand de dorures. Mais, dès la Révolution française, le cuir devenant cher, les couvertures sont souvent faites en simple papier et des étiquettes collées à l'endos du livre indiquent le nom de l'auteur et le titre.

Avec l'introduction de la machine à vapeur, au XIXᵉ siècle, le monde du livre connaît une nouvelle révolution. Une force mécanique remplace les bras humains pour actionner la presse. L'école primaire s'ouvre à tous ; la majorité des citoyens sait maintenant lire et écrire. Avec l'arrivée de l'électricité, la production de livres explose. De 1437 à 1900, on a publié environ 10 millions de livres dans le monde. Puis le mouvement s'accélère avec l'arrivée de nouveaux supports documentaires, produits de l'explosion technologique : disques, films, émissions de radio et de télévision, cassettes, disquettes, logiciels, fichiers lisibles par ordinateur, etc.

Au Moyen Âge, les responsables des bibliothèques n'avaient pas de grands problèmes de classement. Quand les livres n'étaient pas enchaînés, on les rangeait dans des armoires, en les classant par formats ou autrement. Mais, pour le personnel en documentation d'aujourd'hui, suivre toute la production internationale et la rendre accessible au public représente une tâche colossale ; il y parvient pourtant.

La documentation est devenue sinon une science, du moins un savoir systématiquement construit et organisé, avec sa technologie et son vocabulaire. Faut-il, pour autant, laisser la recherche documentaire aux spécialistes ? Est-il devenu nécessaire d'embaucher un consultant pour la moindre recherche un peu complexe ? Absolument pas.

❍   Son mode d'emploi

Il y a 3 000 bibliothèques publiques au Canada. Gratuites et ouvertes au public, on y investit des millions de dollars qui, tout compte fait, ne profitent qu'à peu de personnes. Certaines bibliothèques de cégeps ou d'universités admettent également le grand public moyennant quelques dizaines de dollars par année.

Votre carte d'abonnement en poche, vous pouvez emprunter tous les documents, ou presque, d'une bibliothèque sauf ceux dits de référence qui ne sortent jamais et dont, justement, il sera question souvent dans ce livre. Dans toutes les bibliothèques, qu'on en soit membre ou non, on peut toujours consulter, sans problème, des documents de référence.

Qu'il s'agisse d'une petite collection de documents portant sur un sujet précis et regroupés dans une seule pièce ou d'une collection universitaire

comptant plusieurs millions de documents, les bibliothèques, avec les ordinateurs qui, de plus en plus, les relient entre elles, sont les maillons d'une
solide chaîne d'information. C'est pourquoi on peut trouver aujourd'hui une
aiguille dans une meule de foin.

Le personnel spécialisé en documentation (bibliothécaire, technicien en
documentation, spécialiste en moyens d'enseignement, archiviste, documen-
taliste, etc.) part d'une base solide : l'aiguille qu'il doit trouver est dans une
meule de foin. L'espace est circonscrit : c'est cette meule de foin. L'objet que
l'on cherche est clairement identifié : une aiguille. Avec des précautions, en
comprenant le système, on trouve l'aiguille. Cette meule de foin se découpe
en petits cubes sur lesquels le personnel promène intelligemment un aimant.

Effectivement, la probabilité est grande que l'information recherchée
soit consignée quelque part dans un document et que ce document se retrouve
dans un centre documentaire. Pour le découvrir, il suffit de trouver la bonne
meule de foin (livre, périodique, etc.), puis d'utiliser son «pouvoir
magnétique» pour dénicher l'aiguille, c'est-à-dire l'information désirée.

Il est normal de se sentir désorienté, seul et perdu dans une bibliothèque. C'est pourquoi le personnel fournit une boussole, un guide dans
lequel on trouve généralement le plan de la bibliothèque, l'endroit où sont les
collections, le système de classification et de rangement ainsi que le fonctionnement du catalogue. Indépendamment de leur taille, tous les centres documentaires utilisent les mêmes méthodes. En comprendre un revient à les
comprendre tous. C'est un peu comme apprendre à conduire une auto ; si on
connaît les manœuvres pour en conduire une, on sait comment conduire
toutes les autres, même si le tableau de bord diffère d'un modèle à l'autre.
Tous les organismes possèdent leurs propres règles de fonctionnement et les
bibliothèques n'y échappent pas. Si on ne comprend pas ces règles, on risque
l'échec.

▽ *Le catalogue : l'inventaire de tous les documents*

En entrant la première fois dans un centre documentaire, il faut se poser la
question : où est son catalogue ? Le catalogue est la clé maîtresse d'une
bibliothèque puisqu'il permet au chercheur de «déverrouiller» ce qui s'y
trouve.

Tout centre documentaire tient un inventaire de ses documents, un catalogue, lequel est accessible à ses usagers. Il y a trois types de catalogues : le
catalogue traditionnel sur fiches, le catalogue sur microfiches (COM) et celui
sur ordinateur. Il est question déjà de catalogue sur disque optique
numérique. Le fichier traditionnel et le catalogue sur microfiches sont en voie
de disparition.

Peu importe le type de catalogue, chaque document est repérable sous trois principaux accès : l'auteur, le titre et le sujet. Parfois, la collection, la cote, l'éditeur et certains autres éléments figurent également dans le catalogue. Pour le chercheur, ces accès sont autant de façons de repérer les documents.

Le catalogue répertorie toute les collections variées d'un centre documentaire. Grâce au catalogue (sur fiches, sur microfiches ou dans la mémoire de l'ordinateur), les usagers peuvent connaître avec précision les documents que possède une bibliothèque et les retrouver sans peine. Le catalogue est véritablement le centre de gravité de tout centre documentaire (voir l'annexe 1).

Les informations essentielles s'y trouvent résumées dans une notice catalographique, traditionnellement sur fiche de format 3" x 5". On y retrouve le nom de l'auteur en toutes lettres, l'année de sa naissance, le titre du livre, le sous-titre (souvent révélateur) s'il y a lieu, la maison d'édition, le lieu, la date, le nombre de pages, le format, les illustrations et la série ou la collection. Si nécessaire, des notes explicatives et même un sommaire peuvent être ajoutés. La notice porte aussi une cote permettant de retrouver le document sur les rayons.

On peut consulter un catalogue dès que l'on connaît le nom d'un auteur, le titre d'un document ou le sujet de la recherche à effectuer. Dans un catalogue, on utilise le classement alphabétique qui peut parfois jouer des tours aux usagers. Il ne faut pas hésiter à consulter le personnel[1].

➤ Trucs

• Les notices sont souvent classées mot par mot, c'est-à-dire que les mots les plus brefs passent avant les plus longs. Ainsi, *La garde des enfants* passe avant *La garde-robe de la Reine* et *Les garderies*. Dans une petite bibliothèque où il n'y a que quelques livres, cette information n'a aucune importance ; mais, dans un catalogue de bibliothèque universitaire, il est très important de le savoir. Si l'on interroge un catalogue en ligne (données interrogeables par ordinateur) ou sur disque optique numérique, cette difficulté ne se pose pas.

• Pour classer les titres de documents par ordre alphabétique, on ne tient pas compte de l'article défini ou indéfini qui précède le titre. Par exemple, le titre *Les bibliothèques du Québec* est classé à

---

1. Pour classer les notices dans un catalogue sur fiches, le personnel utilise les règles qui proviennent d'un outil de travail intitulé *Règles de classement des fiches de catalogue* d'Alain Boucher, publié chez Documentor.

Bibliothèques du Québec. C'est vrai pour les articles le, la, les, un, une, des.

• Dans un catalogue sur fiches, les adjectifs numéraux se classent comme s'ils étaient écrits au long, en lettres. Les titres qui commencent par des chiffres ou des dates sont classés selon leur orthographe. Exemple : *Les 100 plus belles histoires* est classé comme si le titre était Cent (les) plus belles histoires. Pour une date comme *1984*, par exemple, il faut lire mil neuf cent quatre-vingt-quatre et non dix-neuf cent quatre-vingt-quatre.

▽ *Les vedettes-matière : la recherche par sujets*

L'utilité de présenter ensemble plusieurs documents d'auteurs différents sur le même sujet s'est vite fait sentir. Pour ce faire, on résume le contenu d'un document en un ou plusieurs mots que l'on appelle vedettes-matière ou, si l'on veut, les sujets.

Un document sur les hymnes religieux doit-il être classé avec la musique ou avec la religion ? Un livre sur la psychologie éducative doit-il être mentionné sous la rubrique «Éducation» ou «Pédagogie»? Une bibliothèque ne pouvait quand même pas classer des documents sous la vedette-matière «Analphabètes» alors qu'une autre les classait sous «Illettrés». Même chose pour tueurs, criminels, meurtriers, etc. C'est pourquoi on a normalisé le vocabulaire dans tous les centres documentaires. Lorsqu'on effectue une recherche sur un sujet, sur les Indiens, par exemple, on retrouve une fiche qui mentionne VOIR «Amérindiens». C'est une façon abrégée de dire : c'était parfaitement logique de regarder ici pour «Indiens», toutefois, ce livre est classé sous «Amérindiens».

Ces vedettes-matière, fruits d'un long consensus, sont les en-têtes des notices classées dans le catalogue des sujets. Elles permettent d'établir des renvois pour faciliter le repérage. Si l'on ne trouve pas la vedette-matière choisie, il ne faut pas démissionner trop vite, mais en essayer d'autres. Le personnel y a pensé avant nous et plusieurs renvois sont établis à une même source. Les bibliothèques du Québec utilisent le même répertoire de vedettes-matière[2], sauf les bibliothèques spécialisées et gouvernementales qui se servent de thésaurus, une autre forme de vocabulaire contrôlé.

Plusieurs vedettes-matière se résument à un seul mot : charbon, chimie, chasse. Les documents qui ont le terme CHIMIE comme vedette-matière

---

2. Produit par l'Université Laval, ce répertoire précise les termes acceptés et ceux qui sont rejetés ainsi que les renvois que le personnel doit effectuer pour faciliter le repérage par les usagers.

traitent de le chimie de façon générale, par exemple, des introductions à la chimie ou encore les grands principes de base de la chimie. Pour les autres documents sur le sujet, des subdivisions peuvent parfois préciser sous quels aspects ce thème est traité.

Il y a des subdivisions par lieux, par dates, par sujets, etc. Il faut savoir aller tout de suite à la subdivision appropriée pour ne pas perdre de temps sous une vedette-matière trop générale. Si vous cherchez, dans le catalogue d'une bibliothèque universitaire, des documents sur le Canada en guerre et que vous commencez à lire les notices sous la vedette-matière «Canada», vous prendrez beaucoup de temps avant d'arriver à la bonne vedette-matière.

➤ Trucs

- Pour faciliter la tâche aux usagers, plusieurs centres documentaires leur fournissent le répertoire des vedettes-matière ou le thésaurus.

- La règle du quoi ? quand ? où ?

On subdivise le sujet (quoi) avant le temps (quand), qui suit l'ordre chronologique, et avant le lieu (où). À titre d'exemple :

Économie (quoi ?)

Économie – Histoire (quand ?)

Économie – France (où ?)

Même chose pour le deuxième tiret quand il faut préciser le sujet.

Économie (quoi ?)

Économie – Histoire (quoi ? plus précisément)

Économie – Histoire – Bibliographie (le général avant le particulier)

Économie – Histoire – Congrès (quoi ?)

Économie – Histoire – Jusqu'à 1800 (quand ?)

Économie – Histoire – XIXe siècle (quand ?)

Économie – Histoire – XXe siècle (quand ?)

Économie – Histoire – Argentine (où ?)

Économie – Histoire – Canada (où ?)

▽ *La cote : l'adresse de chaque document*

Une fois que le document est repéré dans le catalogue, il faut découvrir le rayon où il se trouve. La réponse à cette question est toute simple. Chaque notice comprend des chiffres et des lettres : c'est la cote, une sorte d'adresse postale, qui permet de trouver un document dans un centre documentaire.

En plus de préciser l'endroit où le document se trouve rangé, la cote indique le système de classification qui a été choisi pour ranger les documents. Cette cote, reproduite généralement au dos des documents, permet de les retracer précisément dans les collections.

Deux systèmes de classification sont actuellement utilisés dans la majorité des bibliothèques de l'Amérique du Nord : la classification décimale de Dewey et celle de la Bibliothèque du Congrès (Library of Congress). Si la première ligne de la cote comprend des chiffres entre 0 et 1 000, le système utilisé est le Dewey ; si elle débute par des lettres majuscules entre A et Z, il s'agit du système du Congrès.

Il n'est pas nécessaire de *parler* Dewey ou Congrès couramment, c'est-à-dire de connaître à fond les deux systèmes, pour se débrouiller dans une bibliothèque, mais tout usager a intérêt à devenir familier avec eux. Assez, à tout le moins, pour savoir d'après sa cote qu'un livre intitulé *La perle au fond du gouffre* est un récit historique et non un traité sur les huîtres perlières.

• Parlez-vous « Dewey » ?

Dewey est un système de classification qui convient particulièrement aux centres documentaires dont les collections ne dépassent pas 100 000 documents et ce, sur tous les sujets. Les grandes bibliothèques (cégeps, universités, etc.) et toutes les bibliothèques spécialisées utilisent celui de la Bibliothèque du Congrès. Dans l'un comme dans l'autre système, chaque sujet possède ses propres symboles.

Cette classification regroupe toutes les connaissances humaines en 10 grandes classes formant à leur tour 100 divisions, elles-mêmes subdivisées en 1 000 sections.

(Pour les divisions et le domaine, se reporter à l'annexe 2.)

000-099 :	Informatique et généralités (tout ce qui apporte des informations générales : bibliographies, encyclopédies, etc.)
100-199 :	Philosophie et psychologie (les grands problèmes de la vie, l'existence, la mort, la morale)

200-299 :	Religion (tout ce qui concerne les dieux, Dieu, la pensée religieuse, les diverses religions, les sectes)
300-399 :	Sciences sociales (la vie en société, la politique, le monde du travail, les coutumes, le droit, etc.)
400-499 :	Langues (tout ce qui concerne les différentes langues parlées et écrites, les grammaires, les dictionnaires, etc.)
500-599 :	Sciences (les mathématiques, les sciences naturelles, la physique, la chimie, la géologie, la botanique)
600-699 :	Techniques (les sciences appliquées, notamment la médecine, l'agriculture, l'industrie, l'aéronautique, etc.)
700-799 :	Arts et loisirs (au sens large, tout ce qui embellit et rend plus agréable notre existence : la musique, la peinture, la photographie, les spectacles, les sports)
800-899 :	Littérature (les romans, les contes, les nouvelles, la poésie, le théâtre, les bandes dessinées)
900-999 :	Géographie-histoire (les personnages célèbres, la vie des hommes et des femmes dans tous les pays, leur histoire, le relief, etc.)

Chacune de ces grandes classes comprend 10 divisions. Ainsi, pour la section 000-099 Généralités, nous avons :

000 – Ouvrages généraux et informatique

010 – Bibliographies

020 – Bibliothéconomie et science de l'information

030 – Encyclopédies générales

040 – Dizaine libre, non attribuée

050 – Périodiques généraux

060 – Organisations générales et muséologie

070 – Médias d'information : journalisme et édition

080 – Collections générales

090 – Manuscrits et livres rares

Chaque division se subdivise à son tour en 10.

Par exemple, la cote 750 réfère à la peinture. Elle se divise ainsi : 751, procédés et types de peintures, 752, couleur, etc. La cote 758 est attribuée aux sujets de la peinture.

À son tour, cette catégorie peut être subdivisée, et c'est ici qu'arrive la décimale. La cote 758.1 réfère aux paysages, 758.2 aux marines, 758.3 aux animaux, 758.4 aux natures mortes et ainsi de suite.

À l'intérieur des grandes classes du système Dewey, les sujets sont répartis suivant un ordre qui va du général au particulier. C'est donc au début de chaque centaine et de chaque dizaine qu'on retrouve les manuels, les traités généraux et les encyclopédies. Les sujets très spécialisés viendront par la suite et se verront attribuer un indice plus développé.

• **Parlez-vous « Congrès » ?**

Au début du siècle, les collections de la bibliothèque parlementaire américaine, la Bibliothèque du Congrès, dépassaient un million de documents. Il fallait trouver un système efficace pour les classer. La classification décimale de Dewey ne convenait pas, puisque les collections de la Bibliothèque nécessitaient davantage de sujets avec des subdivisions nombreuses. Au lieu de classer les divers sujets sous 10 grandes classes, comme dans le système Dewey, on opta donc pour un système qui utilise les lettres de l'alphabet.

Le système du Congrès a divisé arbitrairement les connaissances humaines en 21 grandes classes. (Pour le développement des sujets, se reporter à l'annexe 3.)

Une lettre est attribuée à chaque classe :

A	Ouvrages généraux
B	Philosophie et religion
C	Sciences auxiliaires de l'histoire
D	Histoire du monde (sauf l'Amérique)
E	Histoire générale de l'Amérique et des États-Unis
F	Histoire des États-Unis
FC	Histoire du Canada
G	Géographie, anthropologie et sports (ou récréation)
H	Sciences sociales
J	Science politique
K	Droit
L	Éducation
M	Musique
N	Beaux-arts
P	Littérature
PS 8000	Littérature canadienne et québécoise
Q	Sciences
R ou W	Médecine
S	Agriculture

T	Sciences appliquées
U	Art militaire
V	Science navale
Z	Bibliographie, sciences et techniques de la documentation

L'ajout d'une deuxième lettre permet de subdiviser la classe principale en sous-classes. Des numéros, compris entre 1 et 9999, sont ensuite attribués pour développer les sujets. Au besoin, des décimales et d'autres symboles peuvent être utilisés pour subdiviser davantage le sujet.

S	Agriculture
SF	Élevage des animaux
SF 429	Variétés de chiens
SF 429.H6	Chiens de chasse

∇ *L'indice d'auteur*

L'adoption des systèmes de classification de Dewey et du Congrès a permis de régler l'épineux problème du classement de milliers, de centaines de milliers, voire de millions de documents portant sur des sujets variés. Sur chaque sujet, il restait à classer les auteurs, ce qui a été réglé en un tourne-main, grâce à «l'indice d'auteur». Cet indice est en fait la première lettre du nom de l'auteur (ex : Vigneault devient V) et des chiffres établis selon une table spéciale, la table Cutter-Sanborn pour le système Dewey et la table des Cutter simplifiés pour le système du Congrès.

Par exemple dans le système Dewey, le livre *La force des choses*, de Simone de Beauvoir, appartient à la même catégorie que toutes les œuvres littéraires françaises qui abordent différents genres, soit 848 (800 pour littérature et 840 pour littérature française).

Simone de Beauvoir est l'auteure, et le chiffre assigné aux premières lettres de son nom, selon la table Cutter-Sanborn, est 386.

La première lettre du titre est F pour «Force». Dans la classification décimale de Dewey, on ajoute en plus un «indice d'œuvre», en retenant la première lettre du titre, sans considérer cependant les articles. La cote complète est donc :   848
                                                                B386F

➤ **Trucs**

• La notice mentionne parfois l'année de naissance de l'auteur et celle de sa mort, s'il y a lieu. Si elle ne précise qu'une année suivie d'un trait d'union seulement (1945-   ), cela signifie que l'auteur est toujours vivant et que l'on peut, si on le désire, le rejoindre par l'intermédiaire de son éditeur, facilement repérable.

• Pour un périodique ou une publication annuelle, l'année figurant après le titre est celle de la première année de parution. Exemple : *Annuaire du Canada*, 1905-   . Si aucune année ne suit le trait d'union, cela signifie que le périodique est encore publié. Sinon, l'année de cessation de parution est indiquée.

▽ *Le rangement*

La place d'un document sur les rayons d'un centre documentaire est déterminée par sa cote. Dans la classification de Dewey ou du Congrès, les décimales utilisées créent parfois un problème de repérage sur les rayons.

On doit considérer un à un les chiffres placés après le point. L'indice **796.323** se lit sept cent quatre-vingt-seize, **point, trois, deux, trois**, et non sept cent quatre-vingt-seize, **point, trois cent vingt-trois**. Par conséquent 796.323 sera classé avant 796.92, puisque le 3 après le point est plus petit que le 9.

Quand la première ligne de la cote est semblable, le classement est effectué d'après la deuxième ligne et la troisième s'il y a lieu :

a) Dans le système Dewey, en suivant l'ordre alphabétique de la première lettre (1re partie de l'indice d'auteur). Exemple : 796.13/D294V se retrouve avant 796.13/L554A. Ensuite, selon le chiffre donné à l'auteur. Exemple : 796.52/L222D est classé avant 796.52/L489A. Pour les ouvrages du même auteur sur le même sujet, on suit l'ordre alphabétique.

b) Dans le système du Congrès, en suivant l'ordre numérique pour les nombres entiers. Exemple : 7122 avant 7145. Ensuite, selon l'ordre décimal ou selon l'ordre approprié pour les autres symboles utilisés sur les autres lignes.

Lorsqu'un centre documentaire possède plusieurs documents sur un même sujet, il faut obligatoirement lire la deuxième ligne de la cote pour repérer physiquement un document.

➤ **Truc**

• Chaque chiffre additionnel indique un sujet plus spécifique. La cote 758.42 (natures mortes – fleurs) se trouve sur les rayons avant 758.7 (sujets architecturaux). Cela signifie aussi que, si la peinture des sujets architecturaux vous intéresse, vous pouvez entrer dans n'importe quelle bibliothèque utilisant le système Dewey et vous rendre directement dans les rayons à 758.7. Vous constaterez, sans surprise, que les documents traitant de la peinture des sujets architecturaux ont été classés sous cette cote.

∇ *L'analyse d'un document*

On consulte un document imprimé en respectant certaines étapes. Il faut bien examiner la couverture et les premières pages qui comportent plusieurs renseignements : nom de l'auteur, titre exact du volume, sous-titre (souvent plus révélateur que le titre), nom de la collection, maison d'édition, date et lieu de publication. S'il y a lieu, on y trouvera aussi le nom du traducteur et de l'illustrateur, etc.

Certains livres n'en finissent plus de commencer : un avertissement, une préface, une introduction, un avant-propos, etc. Il faut quand même faire une lecture de ces pages préliminaires, car elles expliquent le contenu du document et la façon dont le sujet est traité. La préface, en général écrite par une autorité dans le domaine abordé, sert surtout à présenter le sujet ou l'objet de l'ouvrage et, parfois, son auteur. Celui-ci avait un plan, une idée ; c'est au début du livre, dans l'avant-propos ou l'introduction, qu'il l'explique.

Pour avoir une idée générale d'un document, pour découvrir le plan de l'auteur et les divers sujets qu'il a abordés, il faut consulter la table des matières. Celle-ci peut être plus ou moins élaborée ; tantôt elle ne donne que les titres des chapitres, tantôt elle en mentionne les subdivisions ou en indique le contenu.

L'index présente, dans l'ordre alphabétique, les sujets abordés et montre l'importance qu'on leur accorde. Il peut aussi révéler les tendances de l'auteur par le nombre de renvois à un aspect ou l'autre du sujet abordé. Chaque sujet retenu dans l'index renvoie à la page où il en est question.

La bibliographie, généralement à la fin du livre, permet de se rendre compte de l'importance, de la variété et de l'exhaustivité des sources consultées par l'auteur pour étoffer son propos. Elle éclaire également sur les tendances de l'auteur et révèle s'il est à jour.

Une fois ce travail effectué, on passe à la lecture intégrale de l'ouvrage ou des chapitres intéressants.

▽ **Les outils de référence**

En plus de ses collections courantes, tout centre documentaire offre à ses usagers de nombreuses sources d'information. Ces sources (dictionnaires, bibliographies, encyclopédies, annuaires, répertoires d'adresses, etc.) se retrouvent sous divers supports : imprimés, microformes, disques optiques numériques (CD-ROM) ou fichiers lisibles par ordinateur. La notice comporte alors l'indication R, REF, Référence ou Consultation. Pour plusieurs raisons faciles à comprendre, ces outils de référence ne sortent pas du centre documentaire. On peut donc les consulter sur place, en tout temps.

À part les ouvrages de référence généraux, c'est-à-dire portant sur tous les sujets, toute bibliothèque possède des documents spécialisés qui traitent plus particulièrement d'un seul domaine. Des ouvrages de référence tels que almanachs, annuaires, encyclopédies, index, répertoires d'adresses, etc. ne sont pas des documents conçus pour être lus au complet. Il ne faut que quelques minutes pour comprendre un ouvrage de référence, et c'est un bon investissement.

Ces outils de référence font l'objet d'une présentation spéciale, aux chapitres 3 et 4, en raison de leur importance pour la recherche d'information.

➤ **Truc**

- Le personnel des centres documentaires (bibliothécaires, techniciens en documentation, archivistes, etc.) est toujours présent pour répondre aux besoins des usagers lors du repérage des documents. Il ne faut pas hésiter à le consulter.

▽ **Les banques de données**

L'informatique a changé profondément le monde de l'information et des centres documentaires. La plupart des documents ont leur équivalent électronique sur banque de données. Il suffit de quelques minutes, plutôt que des heures, pour consulter les index, les statistiques, etc.

La bibliothèque électronique fait déjà partie du quotidien des chercheurs, des dirigeants d'entreprises et des journalistes qui en connaissent les immenses possibilités. Les banques de données sont une source importante d'information. En moins de temps qu'il n'en faut pour feuilleter un seul magazine, une banque de données bibliographiques permet de consulter quelques centaines et parfois quelques milliers de publications. Un ordinateur (équipé d'un modem et d'un logiciel de communication) donne accès à presque tout le savoir humain. Ce type de recherche exige de l'habileté, et nécessite au moins quelques séances de formation. Mais le jeu en vaut la chandelle car il permet d'explorer à fond un sujet sans même se déplacer. De plus en plus de bibliothèques publiques, notamment celles de Montréal et de Québec, offrent des recherches par ordinateur. C'est utile pour des sujets actuels ou complexes, surtout en sciences, en éducation et dans le monde des affaires.

Les centres documentaires qui offrent un tel service, souvent appelé téléréférence, doivent établir un protocole d'entente avec les serveurs qui offrent des bases de données pertinentes aux besoins de leurs usagers. Par des procédés de télécommunication, et à l'aide d'un terminal, l'usager peut donc utiliser les bases par les mêmes accès (auteur, titre, sujet) que ceux qui sont offerts dans un catalogue traditionnel sur fiches, un catalogue sur microfiches ou une bibliographie imprimée.

L'interrogation en direct peut s'effectuer par auteurs, par titres, par sujets, par collections, par éditeurs, par cotes Dewey ou Congrès, etc. Le personnel des centres documentaires maîtrise bien ce type d'interrogation et peut aider efficacement un usager à définir une bonne stratégie de recherche et à s'orienter vers les notions de base qui répondront à ses besoins.

Les coûts d'interrogation étant élevés, les centres documentaires sont souvent obligés de facturer l'usager. La nouvelle technologie des disques optiques numériques où l'on retrouve bon nombre de ces bases de données est avantageuse. Ces disques sont coûteux à l'achat pour le centre documentaire, mais l'usager peut les utiliser gratuitement, conserver les résultats de sa recherche sur une disquette de travail ou les imprimer séance tenante.

Les centres documentaires sont souvent en relation avec un ou plusieurs serveurs. Il suffit de consulter la liste des bases de données que chacun offre pour savoir lesquelles sont pertinentes pour tel sujet de recherche.

❑ 2. LES BIBLIOTHÈQUES ET LES CENTRES DOCUMENTAIRES

Quelle que soit la région où vous faites une recherche, il est important d'effectuer un inventaire des centres documentaires environnants et de connaître leurs services et leurs collections.

○ Les bibliothèques publiques

La population québécoise desservie par une bibliothèque publique est passée de près de 50 % à 90 % au cours des 15 dernières années.

Les bibliothèques publiques de Montréal et de Québec possèdent une solide collection d'ouvrages de référence. La taille des autres bibliothèques publiques du Québec varie énormément. Aucune, cependant, n'est à négliger.

Bien que les bibliothèques publiques aient pour mission première de desservir le grand public, et plus spécifiquement les personnes non rejointes par les établissements scolaires, elles ont aussi pour objectif de mettre l'accent sur leur ville et leur région. On trouvera facilement la collection complète des ouvrages publiés par les Éditions Asticou (Société historique de l'Ouest du Québec) à la bibliothèque de Hull ou la revue *Saguenayensia* à celle de Chicoutimi. On peut être certain que la bibliothèque municipale de Cap-aux-Meules possède la *Bibliographie des Îles-de-la-Madeleine* de Marc Desjardins, et celle de Sept-Îles, des livres écrits par des Montagnais.

Il faut connaître les forces des bibliothèques de sa région. Ainsi, la bibliothèque Atwater, à Montréal, a une collection impressionnante de livres sur les criminels, alors que la bibliothèque Gabrielle-Roy, à Québec, possède une collection imposante de bandes dessinées (Bédéthèque). Demandez au personnel si des dossiers ou des bibliographies particulières ont été constitués sur tel ou tel aspect de la région.

Le ministère des Affaires culturelles a créé des Bibliothèques centrales de prêt (BCP) pour offrir des services techniques et professionnels aux municipalités de moins de 5 000 habitants. Même les municipalités du Québec situées loin des grands centres ont accès à des ressources documentaires. Par exemple, 167 municipalités sont affiliées à la BCP de la Mauricie. Les chercheurs de ces municipalités peuvent donc utiliser le prêt entre bibliothèques pour faire leurs recherches.

▽ Le prêt entre bibliothèques

Les documents sur les rayons ne représentent qu'une partie des collections offertes dans un centre documentaire. Grâce au prêt entre bibliothèques, on peut obtenir des documents plus rares ou spécialisés qui se trouvent dans des bibliothèques plus importantes. Même si elles n'ont pas sur place les ressources pour répondre à toutes les recherches, les bibliothèques publiques, intermédiaires par excellence, peuvent établir un contact avec d'autres centres documentaires. Ces derniers possèdent parfois les catalogues d'autres bibliothèques sur microfilms ou y sont reliés par ordinateur. Par exemple, les collections des Bibliothèques nationales du Canada (BNC) et du Québec (BNQ), respectivement à Ottawa et à Montréal, qui ont pour mandat de conserver un exemplaire de chaque document publié sur leur territoire, sont accessibles à tous les centres documentaires. La BNC tient un catalogue de quelque 13 millions de documents en sciences sociales et dans le domaine des humanités, qu'on peut se procurer dans 300 bibliothèques canadiennes. Ces deux bibliothèques publient également le catalogue de leurs collections.

Il faut d'abord effectuer une demande de prêt dans sa bibliothèque. Le personnel tente de localiser les documents à l'aide d'une banque de données informatisée ou de répertoires imprimés qu'on appelle catalogues collectifs. Les prêts entre bibliothèques peuvent s'effectuer partout dans le monde (bibliothèques universitaires, municipales, nationales, centres de documentation, etc.)

▽   *Où les trouver ?*

Le ministère des Affaires culturelles publie annuellement *Les bibliothèques publiques au Québec*. On y trouve la liste des bibliothèques publiques du Québec, leur adresse, le nom des responsables et quelques données statistiques sur les bibliothèques autonomes et les bibliothèques centrales de prêt. Parmi les plus importantes :

> Bibliothèque centrale de Montréal : 1210, rue Sherbrooke Est (métro Sherbrooke), Montréal (Québec) H2L 1L9. Téléphone : (514) 872-5923.
>
> Renseignements : (514) 872-6211.
>
> Prêt à domicile et aux institutions : (514) 872-2901.
>
> Bibliothèque Gabrielle-Roy : 350, rue Saint-Joseph Est, Québec (Québec) G1K 8G5. Téléphone : (418) 529-0924.

○   **Les bibliothèques collégiales et universitaires**

Les bibliothèques universitaires ou collégiales ne se distinguent pas des bibliothèques publiques par le seul fait qu'elles possèdent souvent plus de documents ; leurs clientèles et leurs collections diffèrent considérablement.

Contrairement aux bibliothèques publiques, qui se procurent des documents pour répondre aux besoins en récréation et en information du grand public, les bibliothèques de cégeps et d'universités desservent des chercheurs, des professeurs et des étudiants. À cette fin, elles doivent tenir compte des spécialités enseignées. Un cégep qui offre le programme des techniques de la documentation, par exemple, aura nécessairement une collection spécialisée sur le sujet. Même principe pour la mécanique automobile ou l'enseignement du russe. De plus, ces bibliothèques auront les outils nécessaires pour obtenir plus de renseignements : bibliographies, banques de données, encyclopédies spécialisées, revues professionnelles, etc. On retrouve des cégeps dans toutes les régions administratives du Québec, et avec les constituantes de l'Université du Québec, toute la population en région est desservie.

Il ne faut pas se laisser intimider par la hauteur des plafonds ou le poli du marbre de certaines bibliothèques universitaires. Leurs catalogues sont généralement sur microfiches ou dans la mémoire d'ordinateurs interrogeables par un terminal. Le public peut pratiquement toujours utiliser le catalogue et les ouvrages de référence. Pour emprunter des documents, il se trouve toujours dans les règlements qui les régissent un article qui permet au public extérieur d'utiliser leurs services ; la plupart des bibliothèques collégiales et universitaires vendent des cartes d'abonnement[1].

Une bibliothèque universitaire regroupe parfois tout un ensemble de bibliothèques. L'ensemble de l'Université McGill, à Montréal, comprend 25 bibliothèques. Avec des collections de plus de trois millions de documents, elles forment l'une des plus grandes et des plus importantes bibliothèques universitaires au Canada. Elles sont réparties par secteurs dans différents pavillons. Dans le seul secteur des sciences humaines et sociales au pavillon McLennan, il y a quelque 29 000 ouvrages de référence.

En plus des secteurs communs, chaque université possède ses propres spécialités et ses centres de recherche particuliers. McGill compte un secteur d'études islamiques et possède depuis longtemps une excellente collection documentaire sur le Nord, notamment le nord du Québec, le Labrador et la terre de Baffin. McGill a également un centre de recherche en maladies tropicales et un « Centre For Developing-Area Studies » où des chercheurs, depuis 1963, s'intéressent aux problèmes des pays en développement.

On trouve à l'Université Concordia, à Montréal, un Institute of Central European Studies (ICES), un centre d'études en gestion des transports et une étonnante collection de matériel sur les rites et les rituels de l'Ordre des francs-maçons. À l'Université du Québec à Montréal, la Testothèque possède une collection de 800 tests de personnalité, d'intelligence, d'aptitudes, de rendement, etc. Le Centre de documentation en sciences humaines de l'UQAM est riche d'une importante documentation sur le mouvement féministe.

En général, les collections des bibliothèques universitaires sont bien développées dans les domaines où les universités ont des centres de recherche[2]. Ainsi, l'Université d'Ottawa a un centre de recherche en civilisation canadienne-française, l'Université Laval, à Sainte-Foy, un centre d'études sur la langue, les arts et les traditions populaires des francophones en Amérique du Nord (CELAT), l'Université de Montréal, un centre de recherche sur les Caraïbes et un centre international de criminologie comparée, alors que l'Université du Québec à Trois-Rivières possède un centre de recherche sur les pâtes et papiers et un autre sur les insectes piqueurs. Souvent, ces différents centres ont des collections intéressantes.

---

1. À titre d'information, l'Université du Québec à Montréal (UQAM) demande 75 $, l'Université de Montréal, 35 $, l'École Polytechnique, 75 $ et l'Université McGill, 60 $.
2. On peut en trouver la liste dans l'annuaire de l'université.

∇ *Où les trouver ?*

L'Éditeur officiel du Québec (Les Publications du Québec) a publié un *Annuaire des bibliothèques d'enseignement du Québec : niveau post-secondaire (collèges et universités)*, qui donne la liste des cégeps, des collèges, des universités, de leurs programmes et de leurs centres de documentation. On peut se le procurer en téléphonant au 1 800 463-2100.

La Fédération des cégeps, 500, boul. Crémazie Est, Montréal (Québec) H2P 1E7, (514) 381-8631, publie annuellement son *Annuaire des cégeps.*

La Canadian Library Association et le Collège John Abbott ont publié en 1980 (supplément en 1981) l'*Annuaire des bibliothèques et des centres de ressources didactiques dans les collèges communautaires et instituts techniques du Canada.*

Pour trouver, aux États-Unis, les bibliothèques de collèges ou d'universités qui se spécialisent sur votre sujet, écrivez à l'*Association of College and Research Libraries,* American Library Association, 50 Huron Street, Chicago IL 60611 ou téléphonez au (312) 944-6780.

◯ Les bibliothèques nationales

La plupart des États possèdent leur bibliothèque nationale. Cette institution a pour fonction de réunir tous les documents publiés sur son territoire. Pour ce faire, la plupart des gouvernements obligent les éditeurs à leur remettre quelques exemplaires de tout ce qu'ils publient. C'est ce qu'on appelle le dépôt légal. Ces exemplaires forment la collection de base des bibliothèques nationales qui ont pour mission de diffuser le patrimoine culturel documentaire par la publication de bibliographies ou par la production de bases de données. Celles-ci sont produites périodiquement et elles permettent de connaître les collections possédées par les bibliothèques nationales. Il est donc facile, si le centre documentaire ne possède pas un document, d'effectuer un prêt entre bibliothèques pour consulter le document recherché.

La France, l'Angleterre, les États-Unis et la plupart des pays industrialisés sont dotés d'une telle institution. L'Unesco en a publié la liste détaillée dans *Bibliographical Services throughout the World.*

∇ **La Bibliothèque nationale du Québec**

1700, rue Saint-Denis
Montréal (Québec) H2X 3K6
Téléphone: (514) 873-4404 ou 1 800 363-9028

La Bibliothèque nationale du Québec a le mandat de conserver et de faire connaître le patrimoine écrit et audiovisuel du Québec.

La Bibliothèque nationale du Québec, qui existe depuis 1968, dispose de 500 000 livres, 21 000 titres de périodiques, 450 fonds d'archives, 75 000 partitions musicales, 40 000 cartes, 7 000 affiches, 18 000 cartes postales et 45 000 photos. Elle conserve tous les documents publiés au Québec depuis les débuts de l'imprimerie, les documents relatifs au Québec et publiés à l'extérieur du Québec, les documents d'appoint qui renferment des données pertinentes sur le Québec ou qui contribuent à sa compréhension. Les usagers doivent consulter ces publications sur place : aucun prêt n'est consenti à titre individuel, sauf pour des prêts entre bibliothèques, où un centre documentaire peut faire l'emprunt d'un document pour qu'un de ses usagers puisse le consulter.

• **Bibliographie nationale : Bibliographie du Québec**

Outre la *Bibliographie du Québec*, qui paraît mensuellement avec index annuel (plus certains index cumulatifs), la Bibliothèque nationale publie une bibliographie nationale rétrospective intitulée *Bibliographie du Québec 1821-1967*, de même que des catalogues ou des guides de ses collections, des répertoires bibliographiques et des bibliographies thématiques. Elle a publié, en 1976, le catalogue *Laurentiana* (livres publiés au Québec ou sur le Québec parus avant 1821) et a collaboré à la publication du *Répertoire des livres d'artistes au Québec 1900-1980*.

• **Services de référence**

Les usagers de la Bibliothèque nationale du Québec peuvent bénéficier des services d'un personnel spécialisé pour les assister dans leurs recherches documentaires, les guider dans l'utilisation des collections et les conseiller quant aux ressources d'autres bibliothèques. Les collections sont réparties dans trois édifices différents.

Si vous ne pouvez venir sur place, écrivez ou téléphonez au numéro central de Montréal : (514) 873-1101 ou, en région, au numéro 1 800 363-9028, et précisez la raison de votre appel.

- **Salle de consultation des livres et des ouvrages de référence, relations publiques :**

  Édifice Saint-Sulpice, 1700, rue Saint-Denis, Montréal (Québec) H2X 3K6. Téléphone : (514) 872-1101, poste téléphonique 222.

- **Salle de consultation des collections spéciales, direction générale, dépôt légal, développement, traitement et conservation des collections :**

  Édifice Marie-Claire-Daveluy, 125, rue Sherbrooke Ouest, Montréal (Québec) H2X 1X4. Service à la clientèle pour les collections spéciales : poste téléphonique 244.

- **Salle de consultation des journaux, des revues et des publications gouvernementales :**

  Édifice Aegidius-Fauteux, 4499, avenue de l'Esplanade, Montréal (Québec) H2W 1T2.
  Service à la clientèle : poste téléphonique 244.

La Bibliothèque nationale du Québec possède quatre collections spéciales :

Trois cent cinquante fonds d'archives : Claude-Henri-Grignon, Alain-Grandbois, etc. **Documents iconographiques et autres** : affiches, programmes de spectacles, catalogues de magasins, caricatures, photographies, illustrations, cartes postales, images populaires et religieuses, coupures de presse, etc. **Des livres rares et précieux** (12 000 livres anciens, ainsi que des éditions rares et précieuses), des cartes (environ 35 000, actuelles ou anciennes). **Une collection en musique** (27 fonds d'interprètes, de compositeurs ou de musiciens québécois et quelque 20 000 partitions tant manuscrites qu'imprimées).

- **Prêts entre bibliothèques**

La bibliothèque de référence de la Bibliothèque nationale (Saint-Sulpice) dispose d'un système informatisé qui lui permet de retrouver des documents dans les bibliothèques canadiennes. On pourra vous le faire parvenir sans frais, par l'intermédiaire du centre documentaire où vous êtes inscrit.

➢ **Truc**

- Tous les documents publiés au Québec sont nécessairement conservés par la Bibliothèque nationale du Québec. Le prêt entre bibliothèques permet de consulter cette collection dans la plupart des centres documentaires. On peut la repérer dans *Bibliographie du Québec*.

∇ *La Bibliothèque nationale du Canada*

395, rue Wellington, Ottawa (Ontario) K1A 0N4
Téléphone : (613) 997-9565

La Bibliothèque nationale du Canada a été fondée en 1952 à Ottawa.

• Bibliographie nationale : *Canadiana*

La bibliographie nationale du Canada, *Canadiana*, est publiée mensuellement avec une refonte annuelle, depuis janvier 1950. Ce répertoire exhaustif des documents canadiens, ou traitant de sujets canadiens, comprend des livres, des thèses, des périodiques, des brochures, des microfiches, des enregistrements sonores (depuis 1969), des partitions musicales, des ensembles éducatifs, ainsi que les publications officielles des gouvernements fédéral et provinciaux.

Dans le cadre de son mandat, la Bibliothèque nationale conserve et diffuse les publications qui ont été réalisées avant la création de *Canadiana*. La bibliographie *Canadiana 1867-1900* énumère des documents canadiens anciens, dont des livres, des brochures, des dépliants, des tirés à part et des affiches. Lorsqu'elles sont connues, les bibliothèques dépositaires de ces ouvrages sont aussi mentionnées.

• Services de référence

Les préposés aux services de référence reçoivent fréquemment des demandes de renseignements provenant de particuliers, d'autres bibliothèques, d'organismes, d'établissements, d'entreprises et de ministères canadiens et étrangers. Ils y répondent en consultant les ouvrages des collections, les catalogues et les services de la Bibliothèque. Ils peuvent aussi soumettre ces demandes d'information à d'autres bibliothèques, à des ministères ou à des organismes gouvernementaux.

• Prêts entre bibliothèques

Le public peut consulter les collections de la Bibliothèque ; il est toutefois interdit de sortir des documents. Toute personne qui désire utiliser des ouvrages à l'extérieur de l'immeuble doit demander à sa propre bibliothèque d'emprunter les documents en question. Les catalogues collectifs canadiens recensent les livres et les publications de près de 350 bibliothèques canadiennes.

• **Musique**

La Division de la musique, créée en 1970, constitue aujourd'hui la plus importante collection nationale de publications canadiennes sur la musique. Elle contient des partitions musicales, des albums de chansons, des livres, des manuscrits, des programmes de concerts, des périodiques, des catalogues d'éditeurs, des enregistrements sonores, etc.

➤ **Truc**

• Tous les documents publiés au Canada sont nécessairement conservés par la Bibliothèque nationale du Canada. Le prêt entre bibliothèques permet d'avoir accès à cette collection que l'on peut repérer dans *Canadiana*, ouvrage possédé par la plupart des centres documentaires.

▽ *La Bibliothèque du Congrès (États-Unis)*

La bibliothèque parlementaire des États-Unis est en même temps la bibliothèque nationale, laquelle fut créée en 1800. Bien qu'elle soit située à Washington, cette bibliothèque est très importante pour le chercheur québécois, en raison des services qu'elle offre et des bibliographies qu'elle produit. La Bibliothèque du Congrès ne se limite pas seulement à posséder des collections documentaires américaines, mais joue également un rôle de bibliothèque de recherche, en offrant à ses usagers des collections multilingues impressionnantes.

Avec plus de 23 millions de documents, la Bibliothèque du Congrès est la plus grande bibliothèque au monde. Les bibliothèques nationales, du Québec et du Canada, ainsi que les grandes bibliothèques universitaires québécoises utilisent fréquemment ses services et possèdent tous leurs outils bibliographiques.

• **Bibliographie nationale et internationale :**
  National Union Catalogs

Le Bibliothèque du Congrès produit mensuellement, avec des refontes trimestrielles, annuelles et cumulatives, des catalogues collectifs qui recensent les collections de plus de 1 000 bibliothèques américaines et canadiennes, sous le titre de *National Union Catalog*. L'un est consacré aux livres, un autre aux documents audiovisuels et un dernier aux documents cartographiques, On y donne, pour chaque document inventorié, les bibliothèques qui le possèdent.

• **Services de référence**

La Bibliothèque du Congrès dispose d'un service de référence par téléphone : Telephone Reference Service, au Correspondence Section of the Library of Congress, Washington, D.C. 20540 ; (202) 287-5522. Elle a également un service de photocopie : le personnel cherche les livres, les rapports techniques, les photographies dont vous avez besoin et il vous envoie les photocopies. Il faut entre six et huit semaines pour les recevoir, mais le prix demandé est peu élevé et comprend les photocopies, les droits de reproduction et la poste. S'adresser à : Library of Congress, Photoduplication Service, Washington D.C. 30540, USA. Téléphone : (202) 287-5640.

➤ **Truc**

• Après consultation des catalogues de la Bibliothèque du Congrès, qu'on retrouve dans la plupart des bibliothèques universitaires, un prêt entre bibliothèques suffit pour se procurer le document désiré.

○   **Les centres d'archives**

Tout comme pour les bibliothèques nationales, la plupart des pays du monde se sont dotés d'un centre d'archives pour conserver tous les documents ayant une importance historique. Les Archives nationales sont dépositaires de tous les documents administratifs et autres, produits ou reçus par un gouvernement et les organismes divers qui le composent. Des collections émanant du domaine privé peuvent cependant être acquises si elles représentent un intérêt certain pour la recherche.

▽   *Les Archives nationales du Québec*

Université Laval
Pavillon Casault
1210, avenue du Séminaire
Sainte-Foy (Québec) G1V 4N1
Téléphone : (418) 643-8904

Les Archives nationales du Québec conservent des archives de toutes sortes : imprimés, archives télévisuelles, films, enregistrements sonores, collections de photos, fonds des organismes du gouvernement québécois et un nombre important de fonds privés (compagnies, particuliers, syndicats et associations). Elles sont chargées d'acquérir, de conserver et de mettre en valeur les divers fonds qui constituent le reflet de l'activité de la société québécoise et qui témoignent de son identité. Elles choisissent, assemblent et conservent les pièces du patrimoine documentaire du Québec de demain. Le public, le chercheur ou l'historien trouvera aux Archives nationales du Québec une quantité impressionnante de documents : quelque 3 760 fonds et collections, près de 4 800 documents ou ensembles de documents regroupés sous le nom de « petits fonds », 81 000 boîtes d'archives écrites, 620 000 cartes et plans, 5 460 000 photographies, 11 000 films et vidéos et 29 000 enregistrements sonores.

Les Archives ont la garde de quelque 3 760 fonds et collections, certains ayant une valeur exceptionnelle. Les documents sont répartis dans les catégories suivantes :

- archives gouvernementales : les documents de l'administration publique de la Nouvelle-France, du Régime britannique, du Bas-Canada et du Québec, de 1660 à nos jours ;

- archives judiciaires : les archives de l'administration judiciaire du Québec, de 1660 aux environs de 1960 ;

- archives civiles : les registres d'état civil (baptêmes, mariages, sépultures, de 1635 à 1885), les greffes de notaires depuis leur création au XVIIᵉ siècle jusqu'en 1915, environ 250 greffes d'arpenteurs, pour la plupart du XIXᵉ siècle ;

- archives privées : environ 1 500 fonds et collections provenant d'organismes, de familles et de particuliers.

Le réseau des centres régionaux des Archives nationales du Québec favorise la conservation des archives québécoises dans leur milieu d'origine, à la portée de la population qu'elles concernent. Dans chacun des neuf centres, des outils informatiques mis au point depuis une dizaine d'années permettent l'accès immédiat à l'information qui y est conservée.

- **Centres régionaux**

Les régions administratives du Québec possèdent chacune leur centre régional. Les chercheurs ont intérêt à découvrir les collections locales qu'ils possèdent.

Bas-Saint-Laurent et Gaspésie – Îles-de-la-Madeleine
337, rue Moreault
Rimouski (Québec) G5L 1P4
Téléphone : (418) 722-3500

Saguenay–Lac-Saint-Jean
930, rue Jacques-Cartier Est
Bureau C-103, 1er étage
Chicoutimi (Québec) G7H 2A9
Téléphone : (418) 549-8886

Québec et Chaudière-Appalaches
Pavillon Louis-Jacques-Casault
Cité universitaire
1210, avenue du Séminaire
Sainte-Foy (Québec) G1V 4N1
Téléphone : (418) 643-8904

Mauricie–Bois-Francs
225, rue des Forges
Trois-Rivières (Québec) G9A 2G7
Téléphone : (819) 371-6015

Estrie
740, rue Galt Ouest
Bureau 11, rez-de-chaussée
Sherbrooke (Québec) J1H 1Z3
Téléphone : (819) 820-3010

Montréal, Laval, Laurentides, Lanaudière et Montérégie
1945, rue Mullins
Montréal (Québec) H3K 1N9
Téléphone : (514) 873-3064

Outaouais
170, rue de l'Hôtel-de-ville
S.-s. 170
Hull (Québec) J8X 4C2
Téléphone : (819) 772-3010

Abitibi-Témiscamingue et Nord-du-Québec
27, rue du Terminus Ouest
Rouyn-Noranda (Québec) J9X 2P3
Téléphone : (819) 762-4484

Côte-Nord
700, boulevard Laure
Bureau 190-2
Sept-Îles (Québec) G4R 1Y1
Téléphone : (418) 962-3434

▽ *Les Archives nationales du Canada*

395, rue Wellington, Ottawa (Ontario) K1A 0N3
Téléphone : (613) 995-5138

Les Archives nationales du Canada conservent des archives de toutes sortes : imprimés, archives télévisuelles, films, enregistrements sonores, collections de photos, fonds des organismes du gouvernement fédéral et un nombre important de fonds privés (compagnies, particuliers, syndicats et associations).

On évalue les collections des Archives nationales du Canada à 60 millions de documents, 23 000 microfilms : archives ethniques, archives françaises, archives antérieures à 1867, archives britanniques, archives des premiers ministres, archives des affaires publiques, archives économiques, scientifiques, archives culturelles et sociales. La collection nationale de photographies comprend huit millions de photographies sur l'histoire du Canada et l'histoire de la photographie au Canada. La collection nationale de cartes et de plans fait état d'un million de pièces : cartographie ancienne canadienne, cartographie moderne, documents cartographiques et architecturaux.

Plus de 100 000 pièces iconographiques font partie de leurs collections : médailles et pièces héraldiques. Plus de 100 000 titres de documents audiovisuels, 10 000 heures d'émissions de télévision et 70 000 heures d'enregistrements sonores sont conservés. La Division des archives gouvernementales comporte environ 34 000 documents : archives militaires et d'État, archives du commerce et des communications, archives des ressources naturelles, archives de la main-d'œuvre et du développement social. On peut aussi y trouver 1 500 fiches de données sur les ministères canadiens, les agences fédérales et le secteur privé.

•   **Services de référence par téléphone**

Archives gouvernementales :	(613) 996-8801
Archives nationales du film, de la télévision et de l'enregistrement sonore :	(613) 995-1311
Bibliothèque :	(613) 992-2669
Cartes et plans :	(613) 995-1077
Généalogie :	(613) 996-7458
Iconographie :	(613) 995-1300
Manuscrits :	(613) 992-8094
Photographies :	(613) 992-3884

∇ *Les archives municipales*

Outre Montréal et Québec, qui possèdent des fonds considérables, la plupart des grandes municipalités du Québec possèdent leur centre d'archives. Pour l'histoire locale, ces centres sont d'une grande importance. Il faut s'informer auprès des municipalités pour vérifier si leurs archives peuvent être consultées par la population, quelles en sont les conditions, etc. S'il s'agit d'une recherche sérieuse, il est impensable qu'une municipalité refuse la consultation de ses archives. La consultation des documents s'effectue sur place et le chercheur doit souvent se plier aux exigences fixées par le centre d'archives municipal, car le personnel est souvent fort réduit.

❍   Les bibliothèques gouvernementales

∇ *Les bibliothèques parlementaires*

Bibliothèque de l'Assemblée nationale
Colline parlementaire
Édifice Pamphile-Lemay
Rez-de-chaussée
Québec (Québec) G1A 1A3
Téléphone : (418) 643-4408

Bibliothèque du Parlement
Édifice du Parlement
Rue Wellington
Ottawa (Ontario) K1A 0A9
Téléphone : (613) 995-1166

La Bibliothèque de l'Assemblée nationale, longtemps appelée Bibliothèque de la Législature, est l'une des plus anciennes et des plus riches bibliothèques québécoises. Sa clientèle est hautement spécialisée. La bibliothèque sert principalement les ministres et les députés et, de façon secondaire, certains fonctionnaires. En conséquence, on y trouve une collection impressionnante d'ouvrages de droit, de textes législatifs, de recueils de jurisprudence et un grand nombre d'ouvrages pouvant aider d'une façon ou d'une autre ceux qui font les lois. Elle comprend aussi une collection considérable de journaux et de périodiques. Les députés ont droit à un service de référence, à un service de recherche et à un service de documentation politique qui peuvent les aider à choisir la documentation appropriée pour leurs discours, leur correspondance ou leurs interventions sur un sujet en particulier, à entretenir un service de classement de coupures de presse, à les renseigner quotidiennement sur l'actualité politique, économique et sociale, à préparer des bibliographies, des résumés analytiques, des index et à effectuer des études ou encore préparer des rapports ou des mémoires sur les sujets les plus divers. Ces informations peuvent se retrouver sur les rayons de la bibliothèque.

Le personnel de la Bibliothèque de l'Assemblée nationale dresse également des bibliographies sur des sujets précis (par exemple, les référendums) et des répertoires utiles, comme la liste des commissions et comités d'enquête au Québec depuis 1867. Malgré une tentative, il y a quelque temps, d'en interdire l'accès à la population, la Bibliothèque de l'Assemblée nationale reste ouverte au public. Rien ne vous empêche de vous y rendre et de profiter de ses richesses documentaires, en consultant sur place les documents.

À Ottawa, au fédéral, la Bibliothèque du Parlement joue le même rôle pour les députés de la Chambre des communes et pour les sénateurs. Ses collections sont réparties dans trois édifices.

Le *Journal des débats* rapporte les débats de l'Assemblée nationale et des commissions parlementaires. On peut aussi consulter les *Procès-verbaux de l'Assemblée nationale du Québec* publiés tous les jours pendant la session, avec une refonte à la fin de chaque session. Moins élaborés que *Le Journal des débats*, les *Procès-verbaux* décrivent les votes et les délibérations autour de l'adoption de chaque loi. On y trouve les travaux en Chambre et en commissions parlementaires, ainsi que la description des documents déposés, c'est-à-dire les documents de la session (plus de 600 par session). Ces documents – publiés régulièrement – comprennent les rapports annuels des ministères et des sociétés d'État, les rapports des commissions parlementaires, les réponses aux questions écrites des députés, certains documents déposés à la suite de motions, etc. Cet ouvrage se termine par un index fort utile pour reconstituer la liste des documents déposés au cours d'une session (titre exact, numéro de classement, etc.).

Vous voulez repérer rapidement des lois qui ont été adoptées au Parlement et leurs coordonnées principales ? Le *Répertoire législatif de l'Assemblée nationale du Québec* (annuel) fait la liste de chaque loi votée au cours de la session et décrit ses principales caractéristiques : le titre de la loi, le numéro du projet de loi, celui du chapitre dans les lois du Québec, le ministre responsable, le parrain, les dates où les étapes législatives ont été franchies. De plus, la fiche décrit l'objet de la loi, ses mécanismes ou dates d'entrée en vigueur et dresse la liste des lois qu'elle remplace ou modifie. Le répertoire comprend aussi la liste des lois discutées, mais non adoptées, ainsi que celle des lois votées lors de sessions antérieures et entrées en vigueur durant cette période.

La *Gazette officielle, Partie 1 : Avis juridiques* contient les avis juridiques dont la publication est requise par des lois, des règlements ou encore par le gouvernement. On peut retrouver une liste des différents avis qu'elle contient en consultant la page sommaire de chaque édition.

La *Gazette officielle, Partie 2 : Lois et règlements* rend officielles les décisions du gouvernement.

Comment se retrouver dans les publications du gouvernement et du Parlement ? Un excellent guide de recherche, clair et rempli d'exemples, a été préparé par Jacques Bourgault, professeur d'administration publique. On peut se procurer ce guide de recherche documentaire à la famille des sciences humaines de l'Université du Québec à Montréal.

Le *Hansard* reproduit la transcription officielle quotidienne des débats du Parlement fédéral avec un index par sujets et par noms. Cherchez-y le nom de votre député et le *Hansard* vous permet de savoir ce qu'il a dit sur tel ou tel sujet.

L'*Index des débats de la Chambre des communes* est publié à la fin de la session et répertorie, par sujets et par intervenants, les débats de la Chambre. C'est un instrument indispensable pour repérer les interventions et les discours des députés sur un projet de loi, afin d'avoir la référence du *Hansard* dans lequel le mot à mot de l'intervention est consigné.

Un *Index des journaux de la Chambre des communes* paraît à la fin du volume annuel avec une liste de mots clés. *Publications parlementaires* donne la liste des documents sessionnels déposés en Chambre par le ministre, avec un numéro d'identification utile pour obtenir le document.

Le samedi de chaque semaine, le gouvernement fédéral publie la *Gazette du Canada, Partie I* qui rend compte de l'activité législative et réglementaire affectant le secteur privé. Elle contient des avis généraux, des proclamations, des avis légaux divers et certains décrets. Un index trimestriel répertorie par catégories et par sujets des publications officielles.

La *Gazette du Canada, Partie II* (index codifié des textes réglementaires) est le recueil des règlements et de certaines autres catégories de textes réglementaires. Un numéro est publié le deuxième et le quatrième mercredi de chaque mois. Deux fois par année, un index résume l'ensemble des règlements relatifs à chacune des lois en vigueur.

La *Gazette du Canada, Partie III* est publiée à peu près tous les 15 jours et a pour but d'assurer, dans les meilleurs délais, la diffusion des lois. Périodiquement, un numéro de la *Gazette* présente, en plus des lois, un tableau des lois d'intérêt public, lequel représente l'index le plus à jour des lois en vigueur.

Avant d'être adopté, un projet de loi est souvent étudié par un comité spécial de la Chambre des communes, formé des députés de tous les partis.

Les débats de ces comités sont publics et on peut obtenir la transcription des délibérations. On y convoque des experts, des représentants de l'industrie, etc. Ils doivent témoigner sur un enjeu ou un problème et faire des recommandations spécifiques. La plupart du temps, la tenue de ces commissions est l'occasion de réunir la documentation la plus à jour et la plus exhaustive sur le sujet. Ce genre de documentation est souvent dispersé. Elle se trouve ainsi rassemblée et mise à jour. Une fois déposés, les mémoires et la documentation sont rendus accessibles au public.

Quand on pense à la couverture politique d'un événement, on voit une mer de microphones pointés devant un ministre ou des manchettes soulignant les répliques du premier ministre et du chef de l'Opposition. Les journalistes ne semblent s'intéresser qu'aux drames et ne rechercher que les crises qui font les manchettes, évitant ainsi les activités courantes du Parlement. Aussi, ceux qui veulent et qui doivent savoir comment les événements qui se passent à Ottawa vont les affecter ne trouvent pas ce qu'ils cherchent dans les mass médias. Depuis les années 60 sont apparus des bulletins d'information spéciale (*newsletters*) qui couvrent les activités quotidiennes du Parlement pour une clientèle choisie.

La première du genre, la *Ottawa Letter* (Don Mills, 1983-   ) est une bonne source d'information sur le gouvernement fédéral. Elle décrit les activités des trois secteurs du gouvernement : législatif, exécutif et judiciaire. Elle est publiée chaque semaine et offerte dans les bibliothèques intéressées par la question. Depuis, plusieurs autres bulletins d'information sont apparus : *The Public Sector*, en 1976, publié par Southam's Corpus puis, en 1986, *Ottawa Weekly Update*, une publication d'Infometrica. Il faut ajouter deux autres bulletins, publiés par des groupes de pression et vendus par abonnement : *Capital Briefing,* publié chaque mois par Government Consultants International Inc., et *Parliamentary Alert,* publié par Henry & Gray. Ces bulletins couvrent les activités et les décisions du Parlement et du gouvernement fédéral qui affectent la communauté des affaires : nouvelles législations et politiques ministérielles, statistiques, nominations et rapports. Environ 3 000 personnes, surtout des hommes et des femmes d'affaires, forment la clientèle triée sur le volet de ces périodiques.

Finalement, si *Canadian News Facts* fait un résumé des nouvelles importantes, y compris celles du fédéral, *Gallup Report*, de Toronto, se spécialise, depuis 1967, dans les enjeux sociaux canadiens. Sur le plan provincial, *Provincial Pulse* (Don Mills) fait, depuis 1982, la revue des nouvelles législatives de toutes les provinces.

▽ *Les autres bibliothèques gouvernementales*

Il est important de repérer, dans sa région, les ministères, les régies, etc., qui regroupent souvent des collections spécialisées d'importance. Par exemple, la région de Québec est privilégiée avec plus de 30 ministères et régies.

Ces bibliothèques gouvernementales constituent une mine d'or pour la recherche.

•   Le provincial

Les provinces ont un large mandat. Le gouvernement provincial compte une vingtaine de ministères et a créé une foule d'organismes paragouvernementaux, allant de la Société de développement des coopératives jusqu'au Commissaire au placement et au Conseil de la magistrature en passant par la Société nationale de l'amiante, le Conseil des collèges et le Comité d'acquisition du Musée d'art contemporain. Ajoutons encore le Comité sur le civisme, le Comité de références économiques en agriculture du Québec, le Conseil des services essentiels, le Comité d'accréditation des associations d'élèves et d'étudiants et la Société générale du cinéma du Québec. Chaque organisme a sa propre structure et ses propres fonctions, mais presque tous traitent et stockent de l'information et de la documentation. Souvent, ils disposent d'un centre de documentation au sens large.

Le ministère des Communications a publié le *Répertoire des bibliothèques gouvernementales*. Ce répertoire contient des renseignements sur les services offerts par les bibliothèques et les centres de documentation des ministères ainsi que des organismes gouvernementaux et paragouvernementaux. Les bibliothèques sont répertoriées par ordre alphabétique des noms des ministères et organismes. Trois index facilitent la recherche d'information.

On publie annuellement le *Répertoire téléphonique du gouvernement du Québec*, où l'on retrouve la liste de tous les services gouvernementaux regroupés par villes, incluant la liste alphabétique de tous les employés du gouvernement.

•   Le fédéral

Le gouvernement fédéral est le principal gardien d'informations au pays. On y trouve des spécialistes dans tous les domaines. Le fédéral s'occupe de plusieurs secteurs qui vont des affaires indiennes à la défense en passant par l'assurance-chômage.

Prenons, par exemple, le ministère de la Justice du Canada. Ce ministère possède son propre centre de documentation (qui est aussi celui du Solliciteur général) situé au 340, avenue Laurier Ouest, 11e étage, Ottawa (Ontario) K1A 0P8. Téléphone : (613) 991-2782.

Le centre de documentation regroupe 25 000 volumes, 20 000 ouvrages et plus de 50 000 documents sur microfiches, y compris ce qui constitue probablement la collection la plus remarquable au Canada en matière correctionnelle. Outre les microfiches, le Centre contient des milliers de publications produites par le Service correctionnel, mais non publiées. C'est là qu'il faut s'adresser pour obtenir, par exemple, un rapport préparé il y a cinq ans et absolument introuvable ailleurs. Le centre possède également l'entière collection du service de microfiches de la US National Criminal Justice.

De plus, les bibliothèques gouvernementales peuvent vous diriger vers d'autres centres fédéraux de documentation ; dans le cas présent, on vous recommandera le Centre canadien de la statistique juridique, principale source d'information statistique sur le système de justice canadien (crime, police, services correctionnels, délinquants juvéniles), le Collège canadien de la police, etc. On peut aussi vous orienter vers des organismes privés comme la Société canadienne pour la prévention du crime, le Conseil des Églises pour la justice et la criminologie, l'Institut canadien pour l'administration de la justice, la Commission de réforme du droit, etc.

Vous travaillez sur la violence familiale ? Un fonctionnaire compétent peut vous référer au Centre national d'information sur la violence dans la famille qui publie *Vies-à-Vies*, un bulletin qui répertorie les livres, les vidéos et les articles sur la violence. De plus, la banque d'information du Centre est reliée au Centre national de documentation sur les victimes qui a accumulé des renseignements sur quelque 500 programmes d'aide aux victimes au Canada ; le Centre possède en plus une banque de résumés de rapports, d'articles et de brochures. La violence dans la famille peut vous conduire à une recherche sur la drogue ; on vous dirigera vers The Addiction Research Foundation, agence du gouvernement de l'Ontario qui collabore avec l'Organisation mondiale de la santé.

Pour aider les citoyens à trouver l'information pertinente, le gouvernement fédéral a mis sur pied le Centre de service au public qui possède plusieurs bureaux à travers le pays, sous l'autorité du ministère des Approvisionnements et Services. Ces services sont gratuits, par téléphone seulement. Les agents d'information vous mettent eux-mêmes en contact avec les services pertinents. Par ailleurs, Communication Québec donne des informations sur les services et les programmes du gouvernement du Canada et des gouvernements provinciaux.

Le gouvernement fédéral publie l'*Annuaire téléphonique du gouvernement du Canada,* document qui peut être très utile pour atteindre les bonnes sources. Cet annuaire se divise en plusieurs sections pratiques, dont une section alphabétique comprenant les noms et les numéros de téléphone des employés du gouvernement, et une section ministérielle comprenant les ministères fédéraux et tous leurs services, avec adresses et numéros de téléphone.

Une bonne source de référence dans la jungle fédérale est l'*Index to Federal Programs and Services.* Ce livre de référence annuel, en vente dans les librairies, fait la liste des 1 500 programmes et services offerts par les agences, les conseils, les commissions et les ministères fédéraux avec une brève description de chacun. Il répertorie 4 500 adresses et numéros de téléphone gouvernementaux et possède un index par sujets. Chaque programme s'y trouve résumé.

Le gouvernement fédéral édite aussi des annuaires téléphoniques détaillés pour chaque province, dont un pour la région d'Ottawa. Du côté du secteur privé, Southam Communications publie *Corpus Administrative Index.* Ce livre comprend un guide supplémentaire par sujets, ainsi que la liste de tous les ministères fédéraux et provinciaux, de leur personnel clé avec adresses et numéros de téléphone.

➤ **Truc**

• Consultez les pages bleues des annuaires téléphoniques pour vérifier les organismes gouvernementaux et paragouvernementaux établis dans votre région. Certains possèdent probablement un centre de documentation lié à leurs fonctions.

○ Les bibliothèques spécialisées

Des milliers de bibliothèques au Canada et au Québec se spécialisent dans un domaine particulier : l'environnement, l'architecture, l'histoire, les soins hospitaliers, etc.

Ces bibliothèques ou centres documentaires ne sont pas toujours ouverts au public, mais cela ne veut pas dire qu'il n'y a aucun moyen de s'y informer. Si vous avez identifié un centre documentaire que vous avez besoin d'utiliser, appelez le personnel, présentez-vous ou écrivez, en expliquant le genre d'informations dont vous avez besoin et pourquoi vous ne le trouvez pas ailleurs. Décrivez précisément la recherche que vous effectuez, ses objectifs et le matériel que vous voulez examiner. Parfois (mais pas toujours), le personnel vous permettra d'y travailler.

Les grandes entreprises, comme Alcan, Hydro-Québec, Aliments Culinar, Canadien National, Bombardier, ont en général des centres de documentation qui contiennent des quantités importantes de renseignements sur des sujets liés à leurs centres d'intérêt. Vous cherchez des photos portant sur un accident ferroviaire du début du siècle ? Le Centre de documentation du Canadien National pourra vous confirmer si ces photos existent. Ces centres sont d'abord à la disposition du personnel et, malheureusement, la plupart ne sont pas ouverts au public. Toutefois, par l'intermédiaire du service des relations publiques de ces entreprises, il est possible d'obtenir des informations sur les produits fabriqués. C'est souvent le directeur des relations publiques qui va contacter le centre de documentation et parfois donner l'autorisation à un chercheur de consulter la documentation.

Certaines entreprises actives dans le même secteur regroupent leurs centres de documentation. C'est le cas, par exemple, de l'Institut des pâtes et papiers ou de l'Institut de l'amiante. Ils sont ouverts aux chercheurs pour tout travail sérieux.

➤ Truc

- Consultez les pages jaunes des annuaires téléphoniques pour repérer les compagnies, les organismes, les hôpitaux, etc. installés dans votre région. S'ils possèdent un centre documentaire, peut-être leurs collections pourront-elles vous aider dans vos recherches.

▽ *Les musées*

Quelle était la portée d'une arbalète ? Le Musée universel de la chasse et de la nature de Montréal vous le dira. Combien de personnes sont mortes à Dachau ou à Auschwitz ? Le Musée de l'holocauste de Montréal pourra vous donner les détails. Où trouver des cercueils du siècle dernier avec « hublot » ? Le musée (privé) de Lépine-Cloutier, à Québec, en possède.

Le seul nom de musée fait peur à certaines personnes. Mais, sauf de rares exceptions, le personnel des musées vous aidera volontiers à vous familiariser. Les responsables sont des spécialistes. Souvent, les musées possèdent un centre de documentation, quelquefois ils renferment une vaste collection, comme c'est le cas du Centre canadien d'architecture, à Montréal.

De quoi avait l'air le premier guichet au pays ? Où trouver les menottes qui retenaient prisonniers deux patriotes de 1837 ? Un mât totémique haut comme quatre étages au cœur de Montréal ? Des cachots pour prisonniers durant la Seconde Guerre mondiale ? Une momie ? Des raquettes pour les chevaux ? On peut trouver les réponses dans les musées.

Les sources suivantes permettent de localiser tous les musées existants au Québec, au Canada et ailleurs.

Les musées du Québec, de Guy Boulizon (Montréal, Fides, 1976) recense 120 musées du Québec et donne une description complète de chacun.

La Société des musées québécois a publié le *Répertoire des institutions muséales du Québec* (Montréal, 1990) qui présente quelque 200 musées. On a adopté une définition très large du terme « musée » ; ce répertoire inclut aussi bien l'Atelier d'histoire Hochelaga-Maisonneuve et la Maison du granit que le Musée Maria-Chapdelaine ou la Maison Laurier. On y dresse la liste alphabétique des institutions par régions. Société des musées québécois, 209, rue Sainte-Catherine Est, bureau 5620, Montréal (Québec) H2X 1L3. Téléphone : (514) 987-3264.

L'Association des musées canadiens a publié un *Répertoire officiel des musées canadiens et institutions connexes, 1968-   )*. C'est un répertoire de 1 893 musées inscrits par ordre alphabétique, d'abord par provinces, ensuite à l'intérieur de chaque province, par localités et, pour chaque endroit, par noms d'institutions. On y trouve, pour chacun, le nom, l'année de fondation, l'adresse, le numéro de téléphone, une brève description des collections, les publications (s'il y a lieu), les directeurs, etc. Le *Répertoire* comprend aussi une liste alphabétique de toutes les institutions, un index du personnel des musées et un index regroupant les institutions dans 20 catégories distinctes : jardins botaniques, musées religieux, musées maritimes, etc. Il fournit également une liste des associations muséales, des organisations connexes et des organismes gouvernementaux du Canada et de l'étranger.

The Official Museum Directory, publié annuellement depuis plus de 20 ans par l'American Association of Museums à Washington, répertorie 6 700 musées américains d'histoire, d'art, de science, de même que des musées plus spécialisés (agriculture, cirque, horlogerie, instruments de musique, etc.). Il comprend un index par États, par noms, par types de collections, par noms du directeur, par catégories (art, spécialités, musées de compagnies, etc.). Il fournit également une liste d'organisations professionnelles.

Le *Directory of Unique Museums* (Oryx Press, Phoenix, 1985) fait de courtes descriptions de musées effectivement uniques : The Tattoo Art Museum, le Vent Haven Museum (ventriloques), Blindiana Museum (aveugles), The Dog Museum of America, etc.

Le *Directory of Museums and Living Displays (1975-   )* donne de l'information sur 35 000 musées partout dans le monde.

Au siècle dernier, l'Université Harvard avait un problème : comment enseigner la botanique alors qu'il n'était pas possible de conserver les plantes très longtemps. On a alors fait appel à des maîtres verriers allemands qui ont fabriqué des plantes en verre. Un travail ahurissant ! En consultant le *Catalog of Museum Publications and Media*, on apprend que des diapositives et des cartes postales en couleurs de ces plantes sont en vente au Musée botanique de l'Université. Cet ouvrage donne les détails sur les publications, le matériel audiovisuel et tout autre médium difficile à trouver dans les sources standard (films, périodiques, brochures). Il couvre plus de 1 000 institutions, galeries, musées, etc., aux États-Unis comme au Canada, et comprend un index par titres, par sujets et par lieux géographiques.

➤ Truc

• Faites l'inventaire des musées de votre région. Il est fort probable que leurs centres de documentation possèdent les répertoires d'adresses qui vous fourniront les noms des musées pouvant vous aider dans vos recherches.

▽ *Les sociétés historiques*

Les sociétés historiques sont malheureusement souvent inconnues et œuvrent dans l'ombre ; pourtant elles sont d'excellentes sources d'information. Ainsi, la Quebec Historical and Literary Society existe depuis 1824 au cœur du Vieux-Québec, et rares sont les personnes qui savent qu'on peut y trouver une des meilleures collections de documents sur la capitale. (On y trouve aussi des cartes, des photographies, etc.)

Avec autant de patience que de discrétion, une centaine de sociétés historiques épluchent la petite histoire du Québec : Société historique du Saguenay, Missisquoi Historical Society, Société d'histoire de la Mauricie, Société canadienne d'histoire de l'Église catholique, Société historique et généalogique de Trois-Pistoles, Société d'histoire du Bas-Saint-Laurent, Société historique du Nouvel-Ontario, etc. La plupart ont des publications : la Société historique canadienne publie *Les Cahiers,* la Société historique de l'Ouest du Québec, *Asticou,* etc.

Si certaines collections sont considérables, comme celle de l'Institut d'histoire de l'Amérique française, d'autres sont beaucoup plus modestes ; mais toutes peuvent vous conduire à d'excellentes personnes-ressources.

La Fédération des sociétés d'histoire du Québec, 4545, av. Pierre-de-Coubertin, Montréal (Québec) H1V 3N7. Téléphone : (514) 252-3031. Cette fédération regroupe 105 sociétés d'histoire ; elle publie le *Répertoire des conférenciers et personnes-ressources en histoire*, le *Répertoire des publications des sociétés d'histoire du Québec* et le *Répertoire des sociétés membres de la Fédération.*

Directory of Historical Societies and Agencies in the United States and Canada (Colombus, Ohio). Ce répertoire est publié tous les trois ans, depuis 1956, par l'American Association for State and Local History. Il s'agit d'une liste géographique avec les adresses des sociétés historiques et généalogiques. Les sociétés historiques sont aussi répertoriées dans l'*American Library Directory* et le *Directory of Special Libraries and Information Centers.* (Voir la section « En Amérique du Nord », p. 54-55.)

▽ Les bibliothèques des quotidiens

La plupart des quotidiens ont un centre de documentation qui conserve la collection complète de leur propre journal, celle de leurs concurrents, des magazines et des livres de référence. Dans la plupart de ces centres, on découpe le journal du jour, on fait un regroupement par sujets et on dépose le tout dans des classeurs. Les journalistes utilisent ces coupures de presse pour se mettre à jour et vérifier ce qu'ils ont déjà écrit sur le sujet. *Le Journal de Montréal* ne conserve que des exemplaires de chaque numéro publié et n'a pas de centre comme tel. Par contre, *The Gazette, La Presse, Le Soleil* et *Le Devoir* ont d'excellents centres de documentation, rigoureusement fermés au public. Il faut connaître un journaliste pour y avoir accès.

Newspaper Libraries in the U.S. and Canada (Special Libraries Association, New York, 1980) répertorie un demi-millier de centres de documentation de quotidiens, classés par lieux (États, villes, aux États-Unis ; provinces et villes, au Canada). On y trouve un index par villes et par personnes, les noms, les adresses, le tirage du journal, le numéro de téléphone, les heures d'ouverture, etc. On y précise si ces centres sont ouverts au public et, si c'est le cas, on donne une idée de la documentation et des collections spéciales. On mentionne également s'il y a des produits en vente : photos, etc.

▽ Les associations diverses

Les associations pouvant servir de sources d'information utiles sont très variées. Les plus importantes disposent souvent d'un centre de documentation et peuvent vous indiquer des experts à consulter pour votre projet de recherche. (Voir le chapitre 5 sur les experts.)

Cherchez-vous comment remplacer une corniche de métal ? Des matériaux compatibles avec l'architecture traditionnelle montréalaise ? Héritage Montréal a un petit centre de documentation dont une importante section est réservée à la rénovation. On y trouve, en plus, des catalogues de manufacturiers spécialisés, des répertoires de consultants, une liste d'architectes expérimentés en rénovation, en restauration et en recyclage.

Vous avez besoin de documentation sur les gardiens de but au hockey ? Le Centre de documentation pour le sport à Ottawa dispose d'une banque de données informatisée sur le sport, l'éducation physique et la récréation (70 000 données), en plus d'une bibliothèque d'ouvrages de référence. Cette bibliothèque contient également une bonne partie des ouvrages, des articles de revues, des thèses, des compte rendus de conférences, etc., sur les sports. De plus, le personnel peut vous référer à *Sportsearch* qui dépouille 250 périodiques sur le sport et l'éducation physique ou au *Hockey Hall of Fame and Museum.*

Où en est la recherche sur le recyclage du papier ? L'Association canadienne des producteurs de pâtes et papiers pourra vous aider à orienter vos efforts de recherche.

○   Pour trouver d'autres centres documentaires

En panne ? Si les ressources locales, régionales et provinciales sont insuffisantes, voici des répertoires qui vous mettront sur la piste de nombreuses bibliothèques.

▽   *Au Canada*

1. L'*Annuaire des bibliothèques canadiennes* (Toronto : Micromedia, 1985-   ) donne la liste de plus de 7 000 établissements et succursales, centres d'information, médiathèques, archives et associations de bibliothèques ainsi qu'une liste à jour des périodiques en bibliothéconomie. Les autres sections de l'annuaire répertorient les systèmes régionaux de bibliothèques, les écoles de bibliothéconomie et les programmes de techniques de la documentation, les organismes provinciaux chargés des bibliothèques et un aperçu annuel de l'évolution des bibliothèques.

2. *Répertoire des bibliothèques canadiennes* (Ottawa : Bibliothèque nationale du Canada, 1974-   ).

   Vol. 1 – Les bibliothèques du gouvernement fédéral.

   Vol. 2 – Les bibliothèques de collèges et d'universités, les bibliothèques spécialisées et les centres d'information de ministères et organismes des gouvernements provinciaux et municipaux.

3. *Collections de recherche des bibliothèques canadiennes* (Ottawa : Bibliothèque nationale du Canada, 1972-   ) répertorie les

collections de recherche des bibliothèques canadiennes de recherche et d'établissements d'enseignement supérieur.

Partie 1 : Les universités et les provinces.

Partie 2 : Études spéciales : collections d'ouvrages slaves et est-européens, d'ouvrages sur les beaux-arts, la musique, la danse, les autochtones, le théâtre, etc.

On trouve également une liste de bibliothèques dans :

4. *Corpus Almanac* and *Canadian Sourcebook* – Don Mills, Ontario : Corpus information Services. On y retrouve une section sur les bibliothèques et les centres d'archives canadiens, classés par provinces et par territoires.

5. *Canadian Almanach and Directory* – Toronto Copp Clark Pitman. Plusieurs rubriques permettent de repérer différents centres documentaires : bibliothèques, cinémathèques, etc.

Si vous ne trouvez rien dans les systèmes public et universitaire, une bibliothèque spécialisée pourrait être utile pour votre recherche. Il en existe entre 1 500 et 2 000 au Canada, incluant les bibliothèques gouverne-mentales.

6. L'Association pour l'avancement des sciences et des techniques de la documentation (ASTED) a publié, en 1991, le *Répertoire des centres de documentation et des bibliothèques spécialisées et de recherche.* Ce répertoire recense plus de 670 centres documentaires spécialisés, de langue française, qui vont de André Marsan et associés, jusqu'à la Sun Life du Canada, en passant par l'Association olympique canadienne et le Centre hospitalier Robert-Giffard. Le répertoire comprend deux parties. La première présente, par ordre alphabétique, la description détaillée de chaque organisme répertorié. La deuxième partie présente un index des organismes, des personnes-ressources, des sujets, des serveurs et des logiciels documentaires en usage dans ces centres.

▽ *En Amérique du Nord*

Si c'est insuffisant, il reste les autres bibliothèques de l'Amérique du Nord.

1. Le répertoire le plus complet est l'*American Library Directory* (New York : Bowker, 1923-   ). C'est une liste alphabétique (par États et par provinces) d'environ 35 000 bibliothèques nord-américaines : publiques, universitaires, spécialisées, etc.

2. Il y a aussi le *Directory of Special Libraries and Information Centers* (Detroit: Gale Research, 1963-   ), qui décrit 19 800 bibliothèques spécialisées aux États-Unis, au Canada et dans 120 autres pays, avec un index par endroits et un autre par personnes-ressources. Le volume 2 permet de repérer rapidement les bibliothèques par pays et par villes dans une région donnée. Contrairement à ce que son titre pourrait laisser croire, la liste des bibliothèques publiques et scolaires y est aussi incluse. L'index par sujets, détaillé, dirige le lecteur vers les collections spéciales appropriées.

3. Le *Research Centers Directory* (Detroit: Gale Research, 1960-   ) couvre 7 500 centres de recherche dans tous les domaines et est publié tous les trois ou quatre ans (avec des suppléments annuels). On y trouve qui fait quelle recherche et à quel endroit. À Atlanta, par exemple, le Center for Disease Control possède quelques dizaines de milliers de livres sur les moustiques. Ce répertoire fournit la liste des centres de recherche, des herboriums, des observatoires, des laboratoires et d'autres groupes de recherche affiliés à des universités ou à des gouvernements, des entreprises, des fondations, des associations, etc.

4. *Government Research Centers Directory* (1980-   ), publié aussi par Gale, couvre environ 1 500 centres de recherche-développement sous l'autorité du gouvernement des États-Unis, y compris les bureaux et les instituts, les installations de recherche-développement, les stations expérimentales, etc.

5. Gale publie également *Subject Directory of Special Libraries and Information Centers* (1981-   ). Cet ouvrage couvre 18 500 bibliothèques et centres de recherche des États-Unis et du Canada.

6. Le *Writer's Resource Guide* (Cincinnati, Ohio: Writer's Digest Books) regroupe quelque 2 000 « sources »: fondations, associations, agences gouvernementales, musées, compagnies et collections spéciales, en une trentaine de catégories avec de l'information sur les services spécifiques qu'ils fournissent. Le *Writer's Resource Guide* indique également comment les contacter. L'index par sujets et par titres oriente vers des collections particulières.

7. *Subject Collections* (New York: Bowker) est publié tous les cinq ou sept ans; la dernière édition date de 1985. Ce répertoire de 2 000 pages, classé par sujets seulement, présente 19 000 collections spéciales de sujets dans 11 000 bibliothèques universitaires, publiques, de musées ou de sociétés historiques.

▽ *En France*

Le répertoire des bibliothèques et organismes de documentation (1950-   ), publié par la Bibliothèque nationale de France, recense quelque 4 000 établissements.

▽ *Dans le monde*

Finalement, si vous devez étendre votre recherche au niveau international, vous pouvez consulter les ouvrages suivants :

1. *International Research Centers Directory* (Gale, 1981-   ) : une liste de 6 000 centres de recherches dans 145 pays.

2. *World Guide to Libraries* (New York : Saur, 1980-   ) répertorie plus de 40 000 bibliothèques dans 167 pays, divisées par continents, pays, types de bibliothèques et villes.

3. *World Guide to Special Librairies* (New York : Saur, 1983-   ) recense près de 33 000 bibliothèques spécialisées dans 159 pays.

4. *Research Services Directory* (Detroit : Gale, 1981-   ) est un guide qui présente environ 4 000 compagnies, centres, laboratoires et particuliers du secteur privé offrant un service de recherche dans tous les domaines, qu'il s'agisse d'analyses chimiques, d'expertises, de sondages, d'études de marché, etc.

❏ 3. LA RECHERCHE RAPIDE D'INFORMATION

Les questions qui demandent une réponse directe, une information précise, peuvent nécessiter une recherche rapide de quelques minutes seulement. On cherche un fait précis, une statistique officielle, une adresse, etc? Qui était premier ministre du Canada pendant la Seconde Guerre mondiale? Où est né Félix Leclerc? Quels sont les symptômes du sida? On trouve les réponses à ces questions «faciles» dans les ouvrages de référence, qui sont des sources d'information factuelles.

Les ouvrages de référence sont conçus de façon à pouvoir être consultés rapidement et efficacement. Si l'information y est classée par ordre alphabétique, ce qui est souvent le cas dans les dictionnaires, les répertoires d'adresses et certaines encyclopédies, la recherche est simple. Lorsqu'un ouvrage de référence regroupe son information par sujets, c'est-à-dire dans un ordre méthodique, on développe alors des moyens pour trouver les renseignements désirés ; une table des matières élaborée et un index sont souvent les outils privilégiés à cette fin.

La table des matières présente les chapitres, les sujets principaux, en suivant l'ordre des pages. L'index est une liste alphabétique de tous les sujets contenus dans l'ouvrage, avec des renvois, des indications qui dirigent vers le sujet approprié, habituellement la page précise.

L'examen des pages préliminaires[1] d'un ouvrage de référence, surtout si on le consulte pour la première fois, précise souvent la façon efficace de l'utiliser, renseigne sur la portée de l'information qu'il contient, etc.

Tous les centres documentaires mettent à la disposition de leurs usagers une collection d'ouvrages de référence. Comme c'est une collection qui se consulte sur place seulement, tous les usagers sont assurés de pouvoir disposer de ces ouvrages en tout temps.

Plusieurs «outils» de référence existent sur d'autres supports que le papier, notamment sur microformes ou sur disques optiques numériques (DON[2]). Les éditeurs et les producteurs d'outils de référence se sont adaptés aux plus récentes technologies. Les éditeurs des dictionnaires *Hachette* et *Robert*, par exemple, offrent maintenant une version sur disque optique : *Zyzomis* et *Le Robert électronique*. Des encyclopédies, des bibliographies, des atlas sont maintenant vendus sur ce support.

➤ Truc

- Les catalogues des centres documentaires permettent de localiser rapidement leurs titres. Pour les ouvrages de référence généraux, portant sur tous les sujets, on cherche directement à la catégorie désirée : encyclopédies, dictionnaires de langue, dictionnaires biographiques, etc. Pour les ouvrages de référence spécialisés, ne traitant que d'un seul sujet ou d'une seule discipline, on doit d'abord, dans le catalogue des sujets, chercher le terme spécifique du sujet ou de la discipline désirée, suivi de la catégorie d'ouvrages de référence appropriée : Philosophie – Encyclopédies et diction-naires, Canada – Annuaires, Avortement – Bibliographies, etc.

  Les centres qui utilisent la classification décimale de Dewey re-groupent leur collection d'ouvrages de référence dans la grande classe 000 (010, Bibliographies ; 030, Encyclopédies ; etc.), la classe 400 pour les dictionnaires de langue et la classe 900 pour les dictionnaires biographiques.

---

1. Section d'un ouvrage de référence qui a pour but d'en expliquer le fonctionnement, l'organisation de l'information et sa portée. Le contenu des pages préliminaires peut varier d'un ouvrage de référence à l'autre, mais c'est dans cette section que l'on retrouve l'introduction, la préface, les avertissements et les avis au lecteur et l'avant-propos. Ces pages guident l'usager et ont pour objectif de donner une vue d'ensemble. C'est également dans ces pages que l'on trouve généralement la table des matières dans les ouvrages publiés en Amérique du Nord, y compris le Québec. Les éditeurs européens préfèrent souvent la placer à la fin de l'ouvrage.
2. Abréviation utilisée pour disque optique numérique. Terme technique qui englobe l'appellation « disque compact ».

Ceux qui utilisent la classification de la Bibliothèque du Congrès regroupent leur collection dans la classe A (AE, Encyclopédies ; AY, Annuaires ; etc.), la classe P pour les dictionnaires de langue et la classe Z pour les bibliographies.

○ Les dictionnaires de langue

Au préalable, il est parfois important de consulter des dictionnaires de langue pour bien définir les termes du sujet. Il existe toutes sortes de dictionnaires spécialisés sur un aspect seulement de la langue (prononciation, anglicismes, rimes, sigles, synonymes, visuels, bilingues, analogiques, etc.) alors que d'autres sont généraux, regroupant plusieurs informations linguistiques pour chaque terme. Voici quelques dictionnaires de base.

Le Grand Larousse de la langue française, en plusieurs volumes. Il fait un large accueil aux mots techniques et aux néologismes.

Le Grand Robert de la langue française est également offert en plusieurs volumes.

Le Petit Robert est un dictionnaire alphabétique et analogique de la langue française. Pour chaque mot, ce dictionnaire donne la prononciation, l'étymologie, la date à partir de laquelle son emploi dans notre langue est connu, ses différents sens, avec des exemples. De plus, la présentation des synonymes et des antonymes fait du *Petit Robert* un dictionnaire non seulement descriptif et historique, mais aussi analogique.

Le Petit Larousse illustré donne l'étymologie, le niveau de langue, tous les sens du mot, etc. Ses célèbres «pages roses» présentent des locutions latines, grecques et étrangères ainsi que des proverbes. Il comporte également une section de noms propres.

Le Grand Larousse se présente en 5 volumes : 116 000 articles, 4 450 photographies, 2 800 dessins, 410 cartes. Tous les domaines de la connaissance et de l'activité humaine y sont soigneusement explorés.

▽ *Les canadianismes*

À titre d'exemples :

Le *Dictionnaire d'expressions figurées en français parlé au Québec* est publié par Beauchemin. Il présente les québécismes les plus courants.

Le *Dictionnaire nord-américain de la langue française* est publié par Bélisle : il ne comprend pas moins de 60 000 mots.

Le *Dictionnaire du français québécois* est publié par les Presses de l'Université Laval.

○ Les dictionnaires terminologiques ou lexiques

Cette catégorie de dictionnaires est importante pour la recherche. On retrouve des dictionnaires terminologiques dans toutes les disciplines et sur énormément de sujets. Ces dictionnaires n'ont pas pour but de fournir de l'information linguistique comme c'est le cas des dictionnaires de langue (étymologie, synonymes, classement grammatical, etc.) mais d'analyser en profondeur le vocabulaire propre à une profession (jargon), un domaine du savoir ou un sujet.

Ce sont des ouvrages très populaires, que l'on retrouve facilement sur le marché. Larousse, entre autres, publie chaque année des nouveaux titres dans sa collection *Les dictionnaires de l'homme du XXe siècle* sur des sujets variés : jazz, cinéma, religion, psychologie, explorations, etc.

À titre d'exemples :

En philosophie, le *Vocabulaire technique et critique de la philosophie* d'André Lalande.

En techniques de la documentation, le *Vocabulaire de la documentation* de l'Association française de normalisation.

En sciences et en techniques médicales, le *Dictionnaire des termes techniques en médecine*, publié chez Maloine.

Au Canada et au Québec, deux organismes offrent un éventail intéressant de lexiques reliés à divers domaines : comptabilité, édition et reliure, affaires, management, appareils ménagers, etc. Il s'agit du Secrétariat d'État du Canada et de l'Office de la langue française (au Québec) qui se spécialisent dans la production de lexiques (anglais-français, français-anglais) et de vocabulaires.

○ Les encyclopédies générales

Une fois que les termes d'un sujet sont compris, il est préférable de s'en faire une idée générale, afin de savoir ce qu'implique la recherche, et s'il faut ou non restreindre le sujet. À cette étape, le recours à une bonne encyclopédie s'impose.

Platon et Aristote étaient deux sérieux penseurs grecs qui donnaient des cours sur tout, en marchant, à des élèves de bonne famille qui payaient le privilège de les écouter. Le verbe était cher et on s'est dépêché de retranscrire par écrit ces cours qui faisaient le tour du savoir. Platon et Aristote sont ainsi les pères de l'encyclopédie (qui signifie « instruction embrassant tout le cycle du savoir »). Puis, les Romains ont ajouté la compilation de sources écrites et, en 77 après Jésus-Christ, Pline l'Ancien écrivait la plus vieille encyclopédie reconnue. Diderot, au XVIIIᵉ siècle, a élaboré un projet qui ressemble plus à nos encyclopédies d'aujourd'hui. Il y a donc longtemps qu'on essaie de mettre ensemble tout ce qu'on connaît, avec un certain ordre. Une encyclopédie, c'est exactement cela : toutes les connaissances humaines mises en ordre. C'est par là que, la plupart du temps, commence la recherche sur un sujet.

Les encyclopédies ne peuvent pas tout transmettre, mais ce qu'elles font, elles le font bien. Ouvrages de référence par excellence, continuellement rajeunies par des suppléments souvent appelés annuaires encyclopédiques, les encyclopédies sont de véritables clés du savoir et donnent, en quelques pages, souvent denses, l'aperçu général d'un sujet.

Certaines encyclopédies sont alphabétiques, donc faciles à consulter, mais ce qu'on cherche peut y être dispersé dans plusieurs articles. Les meilleures, par exemple l'*Encyclopædia Universalis*, ont un index pour faciliter les relations entre les articles et terminent leurs articles par une bibliographie des livres les plus importants, fournissant ainsi une orientation de base pour une recherche ultérieure.

L'*Encyclopædia Universalis* rassemble des articles de haut niveau rédigés par des spécialistes. Elle est toutefois utilisable par un large public. Chaque article est précédé d'une introduction qui donne un aperçu d'ensemble. Cette encyclopédie comprend en tout 22 volumes ; 18 volumes pour le corpus, dont les rubriques sont classées par ordre alphabétique ; 3 volumes pour le « thésaurus-index » ; 1 volume pour le « symposium » qui présente les derniers développements de la science et de la culture.

L'encyclopédie par excellence pour toute recherche concernant le Canada reste l'*Encyclopédie du Canada* (Stanké, Montréal, 1987) en trois volumes. Les articles portent sur l'histoire, la géographie, l'économie, la vie culturelle, la nature, la science et les personnages célèbres.

Lorsque les encyclopédies utilisent l'ordre méthodique pour classer leurs informations, un index est requis pour repérer rapidement ce que l'on cherche.

Le *Grand Dictionnaire encyclopédique Larousse* comprend 21 volumes reproduisant 400 000 notices. Les illustrations sont splendides. À chaque page, on trouve des photographies, des graphiques, des cartes, etc.

L'*Encyclopædia Britannica* a beaucoup changé depuis sa première édition à Edinburgh, en 1768, alors qu'elle écrivait sous la vedette-matière «Femme» : *Woman : female of man. See Man.*

Elle comprend aujourd'hui trois parties : *Propædia* (1 volume) est un profil détaillé de la structure de la connaissance humaine. *Micropædia* (12 volumes) donne une référence rapide sur le sujet (capsules de quelque 750 mots avec des références mentionnant où l'on peut trouver plus d'information) et comprend un index. *Macropædia* (17 volumes) contient des articles exhaustifs sur plus de 4 000 sujets. La maison d'édition Britannica appartient depuis le début du siècle à des Américains ; pourtant, sa sœur cadette, l'*Encyclopaedia Americana* : (1829-   ) garde une longueur d'avance en ce qui concerne les États-Unis. Les articles portant sur des sujets particuliers sont en général courts, alors que ceux sur des sujets généraux sont beaucoup plus exhaustifs.

Sans aucune hésitation, il faut également consulter les encyclopédies pour enfants et adolescents. L'information y est souvent impeccable et beaucoup plus facile à trouver.

Le problème du retard de l'information et sa mise à jour a commencé avec les premières encyclopédies : depuis le XVIIIe siècle, dès que le dernier volume d'une encyclopédie sort enfin des presses, le premier volume est déjà dépassé. Voilà pourquoi *Universalis*, *Larousse* et d'autres encyclopédies font des révisions périodiques. Ainsi, *Britannica* effectue une révision d'environ 20 % de ses articles tous les 10 ans.

▽ *Les annuaires encyclopédiques*

Pour vieillir sans trop de rides, les encyclopédies publient des annuaires destinés à mettre l'information à jour. Ces publications annuelles ont deux buts : garder la base de l'encyclopédie à jour et fournir un résumé des principaux événements de l'année. En plus de couvrir les principales tendances dans différents domaines, ces annuaires sont utiles pour retracer les nécrologies, les biographies et les chronologies d'événements.

Du côté francophone, *Universalia*, avec ses articles-synthèse et sa liste détaillée des événements, fait revivre une année. En plus de cette chronologie, on y retrouve des articles sur des thèmes et des problèmes actuels, comme «L'affaire Waldheim», des points d'histoire, comme «Les stratégies agro-alimentaires» ou «Lueurs de paix en Amérique centrale» et des articles sur la vie quotidienne : « Végétarisme et végétarien » ou « L'affiche japonaise ». Ces articles couvrent facilement une demi-douzaine de pages (encyclopédiques) denses. Enfin, *Universalia* répertorie des biographies et des portraits. Des repères cumulatifs permettent de retrouver tous les sujets traités, une véritable mine de renseignements, car rien d'important, ou presque, ne leur échappe.

Pour sa part, Grolier publie, depuis 1950, *Le Livre de l'année*. Celui-ci complète son encyclopédie et présente une chronologie annuelle très vulgarisée qui peut répondre brièvement mais rapidement à des questions d'ordre général. Le *Britannica Book of the Year* offre, depuis 1938, des articles d'importance et des notices brèves sur les principaux événements de l'année. *Britannica* se met à jour en science avec son *Yearbook of Science and the Future*, une publication débordant d'articles sérieux et bien faits sur des sujets scientifiques actuels.

Il existe plusieurs autres suppléments annuels : celui d'*Americana*, depuis 1923, de *Collier's* depuis 1950, et du *World Book Encyclopædia Yearbook* depuis 1922.

➤ **Truc**

- Parmi les encyclopédies **générales**, il faut encore citer les collections encyclopédiques qui abordent tous les sujets dans des fascicules ou des volumes séparés dont chacun est rédigé par un spécialiste. La collection « Que sais-je », qui existe depuis 1941, en est l'exemple type. Elle comprend actuellement près de 3 000 titres. Ces volumes sont mis à jour régulièrement avec de nouvelles éditions. Le catalogue distribué par l'éditeur présente ces titres dans l'ordre alphabétique et selon un classement thématique. On est presque toujours certain de trouver un « Que sais-je » sur un sujet qui nous intéresse ou sur un autre sujet connexe. Chaque volume est en quelque sorte un long article de 127 pages, qui fait la synthèse d'un sujet.

○ Les encyclopédies spécialisées

Les encyclopédies spécialisées représentent des sommes de connaissances dans un seul domaine. Pour suivre la trajectoire incroyable du père Joseph Jean de Rimouski qui devint diplomate de l'Ukraine libre avant de créer des colonies ruthènes en Abitibi, il ne faut surtout pas se plonger tout de suite dans l'*Encyclopedia of Ukraine*. Mais, avec les renseignements fournis par l'*Encyclopédie du Canada*, on peut ensuite poursuivre avec la *New Catholic*

Encyclopedia, le *Dictionnaire historique* de Robert Mourre, ou avec une autre encyclopédie spécialisée.

Ceux qui cherchent de bons articles d'introduction aux sciences seront mieux servis par les 15 volumes de McGraw-Hill, *Encyclopedia of Science and Technology* ou son *yearbook*, que par *Britannica* ou *Americana*. McGraw-Hill, comme la plupart des éditeurs d'encyclopédies spécialisées, s'adresse au profane «éclairé». Des articles présentent chaque discipline scientifique ; d'autres traitent de sujets plus spécialisés. Les articles longs sont suivis d'une bibliographie.

De même, on trouve « Sociologie » dans l'*Encyclopædia Universalis*, mais les informations sont beaucoup moins complètes que dans l'*International Encyclopedia of the Social Sciences*. Vous allez certainement en apprendre davantage sur la Kabbale dans l'*Encyclopædia Judaica* que dans *Bordas*. Un article sur Picasso dans l'*Encyclopedia of World Art* est plus long et détaillé que dans les encyclopédies publiées par Larousse.

Bref, une fois les connaissances de base acquises dans une encyclopédie générale, la recherche peut être raffinée grâce aux encyclopédies spécialisées telles *Encyclopédie des sports, Encyclopedia of Alcoholism, Encyclopedia of Ontario, Encyclopédie des jeux de cartes, World Encyclopedia of Comics, Encyclopédie de l'utopie et de la science-fiction, Encyclopédie de l'ésotérisme, Encyclopédie des animaux, Encyclopédie des connaissances agricoles, McGraw-Hill Encyclopedia of Food, Agriculture & Nutrition*, etc.

➤ **Trucs**

• Pour savoir si un centre documentaire a une encyclopédie spécialisée, demandez au personnel ou cherchez dans le catalogue votre sujet, suivi des subdivisions « Dictionnaires » ou « Dictionnaires ou encyclopédies ». Ainsi on peut chercher dans le catalogue la vedette-matière « Amérindiens » puis, en regardant les subdivisions des notices, voir s'il y a une subdivision « Indiens – Dictionnaires » ou une autre « Indiens – Dictionnaires et encyclopédies ».

• Les centres documentaires classent ensemble, dans une collection séparée, tous les ouvrages de référence. Une fois un titre repéré, vous retrouvez à proximité de celui-ci d'autres titres d'ouvrages que possède le centre documentaire, dans la même catégorie.

○ **Les dictionnaires et les répertoires biographiques**

Les renseignements sur Marilyn Monroe, Élisabeth Ire ou Shirley MacLaine fournis par les encyclopédies vous laissent insatisfaits ? S'il n'existe pas sur le marché des biographies de personnages illustres dans divers secteurs (hommes politiques, comédiens, musiciens, etc.), les dictionnaires biographiques viennent à la rescousse ; ils offrent des résumés concis de la vie des personnes qui ont laissé leur marque (historiens, écrivains, rois, chefs d'État, chanteurs, acteurs, etc.). On y donne la date de leur naissance et de leur mort s'il y a lieu, les endroits où ils ont vécu, leur œuvre, leurs traits caractéristiques, leurs contemporains célèbres. Ces répertoires sont utiles pour les journalistes, les *fans* et tous ceux qui ont à contacter diverses célébrités ; ils peuvent servir, entre autres, à trouver l'adresse postale d'une personne célèbre, mais pas son adresse personnelle.

On y trouve de tout. Certains se limitent aux personnages d'un seul pays ; d'autres traitent des personnalités sur le plan international. Certains ne présentent que les personnes encore vivantes ; d'autres, uniquement des personnes décédées et, parfois, les uns et les autres indistinctement. Certains sont spécialisés dans un seul domaine (écrivains, musiciens, etc.), comme le *Who's Who in Television and Cable*. D'autres admettent tous les hommes et les femmes illustres quel que soit leur champ d'activité. Ainsi, le *V.I.P. Address Book* contient plus de 20 000 adresses de personnes célèbres dans certains domaines (religion, éducation, politique, divertissements, loisirs, sciences, etc.) et ce, dans le monde entier.

➤ Truc

•   En consultant le catalogue-sujets d'un centre documentaire sous le nom du personnage qui vous intéresse, suivi de la subdivision « Biographie », vous saurez si le centre possède ou non des documents qui relatent la vie de cette personne.

Plusieurs personnalités n'ont pas encore intéressé un biographe et, conséquemment, on ne retrouve aucun livre qui leur est dédié. Certaines ne sont pas mortes depuis assez longtemps. D'autres sont devenues célèbres depuis peu. Des personnalités sont réputées dans certains cercles seulement. D'autres ont été célèbres, mais ne le sont plus. Par où commencer ?

Le chercheur doit savoir qu'il existe, dans la plupart des pays :

Un dictionnaire biographique des personnes vivantes (un *Who's Who*) et un dictionnaire biographique des personnes célèbres décédées.

Y a-t-il des films sur des personnes célèbres ? On consultera *Famous People on Film* (Emmens C) ou *Guide to Films (16 mm) about Famous People* (Sprecher, D.).

∇ Les dictionnaires biographiques nationaux et internationaux

Certains dictionnaires sont de portée internationale, notamment *Le Petit Robert 2*, *Le Petit Larousse illustré* (section des noms propres) et le *International Who's Who*. D'autres se limitent à un seul pays.

Le *International Who's Who*, publié annuellement à Londres depuis 1935, contient environ 15 000 biographies brèves des personnalités les plus éminentes du monde, avec un accent sur l'éducation, les finances et le commerce. The Marquis Who's Who Co. édite une variété de répertoires biographiques bien connus dont le vénérable *Who's Who in America* (72 000 biographies) qui existe depuis 1898, de même que les *Who's Who of American Women*, *Who Was Who in America* ou *Who's Who in Science*. Il y a une mise à jour constante, mais les profils des personnalités varient considérablement parce que ces dernières fournissent l'information elles-mêmes. Marquis produit également des *Who's Who* par régions géographiques et par États. Le grand-père de toutes les sources, le *Dictionary of American Biographies*, fournit de l'information détaillée qui est abrégée dans le *Concise Dictionary of American Biography*.

Pour l'information récente, rien ne vaut le *Current Biography* (1940-   ). Chaque mois, le *Current Biography* présente une vingtaine de profils de personnalités notables de tous les pays et dans tous les domaines. Chaque article comprend la date de naissance, l'adresse personnelle ou d'affaires, le domaine ou la profession et un texte d'environ 2 500 mots, avec une photographie récente et des références à d'autres sources d'informations biographiques. Chaque numéro inclut aussi une liste des personnes ayant déjà fait l'objet d'une recension. Le *Current Biography* vise l'objectivité ; ses informations sont fiables et pertinentes, ce qui n'est pas toujours facile à trouver.

Le *Current Biography* a, depuis 1940, une refonte annuelle : le *Current Biography Yearbook*, une cumulation annuelle et alphabétique des biographies parues durant l'année, de même qu'un index cumulatif de tous les articles publiés par les répertoires de la décennie. On met l'accent sur les 350 à 400 personnalités internationales, surtout celles qui, d'une façon ou d'une autre, ont eu une influence aux États-Unis.

Le *New York Times Obituaries Index* regroupe toutes les nécrologies publiées dans le *New York Times* entre 1858 et 1978. Ces chroniques nécrologiques sont relativement fiables et mènent à d'autres sources d'information. Après 1978, on regarde dans le *New York Times Index* sous la vedette-matière « Deaths ».

Le *Webster's Biographical Dictionary* contient la biographie de quelque 40 000 personnes, avec la transcription phonétique pour les noms difficiles à prononcer.

Plusieurs répertoires portent le titre *Who's Who*, suivi du nom du pays : *Who's Who in Germany, Who's Who in France, Who's Who in USSR*, etc. L'exception est le *Who's Who* britannique qui ne précise pas le pays.

Certains *Who's Who* facturent les personnalités répertoriées qui doivent fournir elles-mêmes l'information à publier, ce qui implique non pas des erreurs, mais surtout des omissions ! Les *Who's Who* ou les *Who Was Who* n'ont pas tous la même valeur, celle-ci dépendant de l'organisme qui les publie ! Il faut donc se méfier de certains répertoires.

Pour le Canada, il y existe deux titres : *The Canadian Who's Who* et le *Who's Who in Canada*. Le premier est publié depuis 1910 ; il ne facture pas les personnalités et comprend aujourd'hui 10 000 noms, en majorité des gens d'affaires. Le quart des personnes pressenties par le *Canadian Who's Who* refusent apparemment de collaborer. Le deuxième, fondé en 1909, demande une somme d'argent à une personnalité pour l'insertion de sa biographie accompagnée d'une photographie.

Certains répertoires comprennent aussi des sections de type *Who's Who*. Le mieux connu est le *Blue Book* qui comprend des profils d'entreprises, de même que des biographies de leurs administrateurs. Le *Blue Book* demandait, en 1987, un montant très élevé pour chaque profil d'entreprise. Depuis 1986, il existe le *Guide to the Canadian Financial Services Industry* qui fournit 800 profils de trusts, compagnies, banques, compagnies d'assurance, fonds mutuels, agences de crédit et conglomérats financiers, ainsi que le profil de leurs principaux administrateurs.

The MacMillan Dictionary of Canadian Biography, un dictionnaire biographique avec de brèves notices, contient des esquisses (de 30 à 600 mots) sur plus de 5 000 Canadiens connus, décédés avant 1976. Le *Dictionnaire biographique du Canada* présente la biographie des personnages de marque au Canada de l'an 1000 jusqu'à 1900. Cette œuvre majeure, réalisée par d'éminents professeurs canadiens, témoigne autant de l'évolution sociale que biographique. L'ouvrage se présente en plusieurs volumes divisés en périodes chronologiques. Les notices sont présentées par ordre alphabétique et chaque volume comprend un index.

∇ **Les dictionnaires biographiques spécialisés**

Plusieurs dictionnaires biographiques se limitent à un seul secteur d'activité ou à un seul sujet. Les associations et les organismes professionnels de même que les éditeurs commerciaux et universitaires produisent beaucoup dans ce domaine.

Certains ouvrages sont de véritables monuments de la biographie et épargnent d'innombrables heures de recherche.

À titre d'exemples :

- Les 10 volumes du *Dictionnaire critique et documentaire des peintres, sculpteurs, dessinateurs et graveurs*, de Bénézit.

- *Le Dictionnaire des personnages littéraires et dramatiques de tous les temps et de tous les pays* (poésie, théâtre, roman, musique). Cet ouvrage présente un choix de personnages créés par la littérature.

- *Le Dictionnaire des auteurs de langue française en Amérique* (Fides), édition revue et augmentée du *Dictionnaire pratique des auteurs québécois*.

- *Le Dictionnaire des écrivains québécois contemporains.*

- Le *Creative Canada*, un répertoire biographique des créateurs et artistes d'interprétation canadiens du XXe siècle. Les volumes incluent plus de 1 000 biographies de personnes vivantes ou décédées – nées au Canada ou non – qui ont contribué à la culture canadienne.

Plusieurs *Who's Who* spécialisés inondent le marché : *Who's Who in Canadian Finance, Who's Who in Canadian Business, Who's Who in Mythology, Who's Who in Sports,* etc.

Le *American Men and Women of Science (Bowker)* est le guide bibliographique de base pour les scientifiques canadiens et américains. Les notices donnent le nom complet de la personne, sa position actuelle, son adresse personnelle, ses spécialisations, ses diplômes, son lieu de naissance, les associations dont elle est membre et d'autres informations pertinentes.

L'équivalent britannique du *American Men of Science*, le *Directory of British Scientists,* fournit en plus un index par sujets, une liste de sociétés et de revues scientifiques et un répertoire des établissements de recherche.

▽ *Les index de biographies*

Le *Biography Index* (H.W. Wilson 1946-   ) permet de trouver rapidement des articles ou des livres sur à peu près toute personne célèbre dans n'importe quel domaine. C'est un index cumulatif de documents biographiques publiés dans des livres ou des périodiques. Il est publié quatre fois par année avec une refonte tous les trois ans. En plus de recenser les livres sur des personnes ou des groupes, il inclut de l'information puisée dans 3 000 périodiques. On y recense, entre autres, les chroniques nécrologiques du *New York Times*.

Le *Biography and Genealogy Master Index* (Gale) est un index fournissant de l'information sur plus de cinq millions de personnages actuels ou historiques. On y indexe 600 publications, y compris les différents *Who's Who*. Cette source indique s'il y a un répertoire ou une publication sur une personne célèbre.

➤ Truc

• Vérifiez l'année d'édition des documents que vous consultez. Plus l'édition est récente, plus les informations ont des chances d'être actuelles, et les interprétations approfondies.

  Les index de périodiques que nous présentons au chapitre « La recherche en profondeur » sont des sources importantes pour vérifier s'il y a des articles de revues sur la personne, sujet de votre recherche.

◯ Les annuaires gouvernementaux

Vous voulez lire la rétrospective d'une année, examiner les statistiques officielles les plus récentes, connaître la composition du gouvernement actuel, avoir une liste des principales fêtes de l'année ou encore connaître le nombre de cégeps de langue anglaise ? Les ouvrages à consulter sont les annuaires[3] des gouvernements.

Comme leur nom l'indique, ces annuaires paraissent chaque année. Leur principale caractéristique est d'exposer l'évolution la plus récente dans tous les secteurs d'activité. Présentant les statistiques les plus officielles, les annuaires contiennent beaucoup de tableaux et de graphiques. On peut également y retrouver l'explication des nouvelles lois et les politiques marquantes

---

3. Ne pas confondre avec les répertoires d'adresses, notamment les annuaires téléphoniques.

du gouvernement. Voilà donc des instruments propres à donner à certains travaux de recherche un fondement solide et une valeur d'actualité. Les annuaires peuvent ne concerner qu'un seul pays *(Annuaire du Canada)* ou s'étendre à l'ensemble du monde *(Statesman's Yearbook).*

L'Annuaire du Québec, maintenant disparu, était un relevé complet des statistiques du Québec dans tous les domaines. Il a été remplacé par le *Québec Statistique*. L'annuaire avait une chronologie annuelle depuis ses débuts en 1914. La Bibliothèque de l'Assemblée nationale compile ces chronologies annuelles sous le titre de *Chronologie du Québec.*

Depuis 1906, le gouvernement du Canada publie l'*Annuaire du Canada*, un ouvrage de référence préparé par 300 spécialistes sur tout ce qui concerne le Canada. L'information qu'il contient sur les richesses naturelles, la production, la population, etc. est précise. Il donne également de nombreux renseignements statistiques et analytiques sur toutes les facettes du pays, notamment sur les aspects politiques, constitutionnels, gouvernementaux, économiques, financiers, sociaux, etc. De nombreuses photographies, des cartes et des diagrammes l'illustrent. Il comprend également un index très détaillé.

La plupart des gouvernements dans le monde publient un tel annuaire : les États-Unis, la Grande-Bretagne, la Belgique, l'Australie, etc. Les organismes internationaux produisent également ce type d'ouvrage : l'Organisation des Nations Unies, le Bureau international du travail, etc.

❍   **Les annuaires non gouvernementaux**

Qu'il s'agisse de la signature du traité américano-soviétique sur l'élimination des missiles de portée intermédiaire, du début du retrait de l'Armée rouge d'Afghanistan ou du krach boursier du lundi noir d'octobre 1987, l'*État du monde*, annuaire économique et géopolitique mondial, permet de suivre et de comprendre ces évolutions. Il dresse un bilan complet de l'actualité de l'année écoulée et des premiers mois de l'année suivante dans 170 pays. Pour le Québec, on traitait, entre autres, dans l'édition de 1987, de «La langue, encore et toujours». Le dossier de l'année portait sur les droits de l'homme et la démocratie.

Une excellente source d'information sur les pays et les organisations internationales est le vénérable *Statesman's Yearbook* publié depuis 1864, un pilier de la référence. Le *Statesman's Yearbook* donne de l'information détaillée sur tous les gouvernements du monde et, plus particulièrement, sur les pays occidentaux. On y trouve des explications sur les constitutions, les gouvernements, les conditions économiques, la religion, l'agriculture et le commerce de chaque nation. Pour chaque pays, il présente également une liste utile des représentants diplomatiques, des chefs de gouvernement et des principaux bureaux, bref, tout ce qu'on a besoin de savoir, assorti d'une bibliographie sur chaque pays. L'annuaire comprend aussi une analyse des organisations internationales, de l'ONU au Conseil mondial des Églises, en passant par le Commonwealth et l'OTAN.

Même s'il contient en grande partie la même information que le *Statesman's Yearbook*, *The Europa Yearbook*, publié sans interruption depuis 1946, est particulièrement utile pour les renseignements qu'il renferme sur les organisations internationales et les pays européens. Le premier volume décrit les organismes internationaux en Europe. Il donne une vue d'ensemble des statistiques économiques et démographiques, et fournit un répertoire d'adresses des gouvernements, des organisations religieuses, du tourisme, de l'édition, du milieu universitaire, etc. On y trouve les données essentielles, les statistiques de base, de l'information sur les systèmes politique et judiciaire, la presse et la radio, l'édition, la finance, le commerce, l'industrie et le corps diplomatique. Le deuxième volume suit le même plan pour les autres pays. L'éditeur de cet annuaire international, *The Europa Publications*, publie aussi des annuaires régionaux : *Far East and Australia, Middle East and North Africa, Africa South of the Sahara,* et un annuaire sur l'éducation : *The World of Learning.*

Si le *Statesman's Yearbook* et le *Europa Yearbook* ne vous fournissent pas l'information souhaitée, il faut trouver l'annuaire du pays ou des continents qui vous intéressent, tels le *South American Handbook* qui, malgré son titre, comprend le Mexique et l'Amérique centrale.

◯ Les atlas et les cartes

Tout aussi utiles que les encyclopédies pour cerner un sujet, mais plus négligées, sont les recueils de cartes, les atlas. Au XVIᵉ siècle, le célèbre géographe Mercator utilisait Atlas, le personnage de la mythologie grecque, sur la page de titres de sa collection de cartes. Depuis lors, atlas signifie « livre de cartes ». Et pas seulement géographiques : on trouve des cartes militaires, historiques, etc. qui permettent de visualiser le passé, comme l'*Atlas historique du Canada*, qui est une véritable merveille. Des centaines de spécialistes canadiens ont collaboré pendant des années afin de transposer dans cet atlas l'ensemble des connaissances sur le Canada. De même, l'*Atlas national du Canada* est un atlas par thèmes : santé, économie. Pour les autres pays, on peut utiliser les cartes très peu coûteuses du *National Geographic Magazine*. Pour l'exactitude, la précision et la clarté, elles restent insurpassées.

➢ **Truc**

- La plupart des grandes encyclopédies et certains dictionnaires fournissent souvent des cartes pour illustrer leurs articles sur des lieux
  géographiques.

○ Les répertoires

Un répertoire peut fournir un autre genre d'information rapide. Il existe des
répertoires gouvernementaux, des répertoires d'établissements d'enseignement, de fondations, de bibliothèques, de musées et d'autres organisations
semblables, de professionnels, de compagnies, d'industries, etc.

Il existe même des répertoires de répertoires. Dorothy E. Ryder a écrit
un *Répertoire des annuaires canadiens 1790-1950*, qui donne plus de 900 répertoires listés chronologiquement, à l'intérieur de divisions géographiques.
Plus récent, le *Directory of Directories* (1980-   ) est une source majeure
qui couvre plus de 8 000 répertoires d'adresses sur tous les sujets :
agriculture, droit, gouvernements, sciences, sports, etc. Ainsi, on y apprend
que le répertoire *Awards, Honors and Prizes : International Directory of
Awards and their Donors* donne la liste de tous les prix et distinctions dans le
monde avec le détail des récompenses elles-mêmes, qu'il existe un répertoire
des prix littéraires, un répertoire des ethnies du Canada (avec une liste
d'environ 10 000 communautés culturelles, en plus des consulats et des
ambassades), des répertoires sur la conservation et l'environnement comme
Environment USA : Guide to Agencies, People and Resources ou le *National
Wildlife Fund's Conservation Directory*. Dans le seul domaine musical, par
exemple, on compte trois répertoires : *Directory of Canadian Orchestras and
Youth Orchestras, Directory of Music Faculties in Colleges and Universities,
US and Canada* et *Music Directory Canada*.

Il y a aussi le *Guide to American Directories* de Barry et Bernard Klein.
Ce volume, publié en 1989, présente 8 000 répertoires, surtout américains.
Finalement, on peut trouver 10 000 répertoires dans *Directories in Print*
publié par la maison Gale.

➢ **Truc**

- Les centres documentaires spécialisés possèdent, dans leur collection d'ouvrages de référence, une section de répertoires d'adresses
  liés aux activités et aux fonctions des organismes apparentés à
  leur spécialité. Il suffit de localiser le centre approprié.

∇ *Des répertoires d'adresses spéciaux*

Il ne faut pas confondre les répertoires d'adresses avec les annuaires téléphoniques. Certains répertoires d'adresses sont des outils de base pour les agences de recouvrement pour repérer une personne par son nom, son adresse ou son numéro de téléphone. Vous vous demandez qui habite le logement au-dessus du vôtre ? Vous cherchez qui possède tel numéro de téléphone ? Ces répertoires, publiés par diverses maisons d'édition en Amérique du Nord, fournissent ces renseignements. Les bibliothèques publiques en conservent les éditions les plus récentes. Par exemple, l'annuaire *Cole* pour l'agglomération montréalaise donne le nom des établissements commerciaux et des résidents classés par rues et par numéros civiques.

Le *Lovell's Montreal Directory*, dont la première édition remonte à 1842, et qui existe encore aujourd'hui, est également utile. Cet annuaire fournit une liste alphabétique des personnes avec leur adresse et leur occupation. On peut aussi, à partir d'une adresse (ou d'une rue), connaître l'occupation des résidents. Cet ouvrage permet également de retracer une compagnie par son nom, son secteur d'activité ou le nom de sa rue. Qu'il s'agisse d'une petite ou d'une grande entreprise, c'est la manière la plus simple de commencer une recherche.

Pour 1 400 villes américaines, on peut consulter les répertoires de la R.L. Polk Company qui donnent beaucoup de détails sur les commerces locaux, identifient les occupants de chaque édifice dans chaque rue et fournissent de l'information sur chaque habitant de plus de 18 ans. Ces répertoires sont des mines d'or d'information. Quelques-uns donnent même les adresses à partir du numéro de téléphone.

Bell Canada, 1050, côte du Beaver Hall, bureau 820, Montréal (514) 870-7088 (sur rendez-vous), conserve depuis 1877 tous ses annuaires téléphoniques. On peut donc y trouver l'adresse et le numéro de téléphone, depuis 1878 à aujourd'hui, de toute personne ayant déjà eu un numéro de téléphone. Il faut fournir un nom, une date approximative et la municipalité où la personne vivait.

Le *Catalogue of Directories Published and Areas Covered by Members of International Association of Cross Reference Directory Publishers* donne la liste de plusieurs répertoires de municipalités et l'adresse de leur éditeur. On peut en obtenir gratuitement un exemplaire.

Gunderson, Ted & Roger McGovern publie *How to Locate Anyone Anywhere without Leaving Home*. Il s'agit d'un guide par étapes, pour retrouver des personnes disparues, grâce au téléphone ou à la poste. On y analyse 300 sources différentes d'informations.

▽ *Les répertoires de numéros de télécopieurs et de numéros 800*

Le *800 Service Directory*, de Telecom Canada, 1988-1989, 1 800 561-6600, est publié annuellement ; il donne la liste des numéros 800 au Canada.

The Toll Free Digest recense 35 000 hôtels, compagnies d'aviation, etc., qui ont un numéro 800. Le répertoire est publié par la Toll Free Digest Company, Claverack, New York, (518) 828-6400.

Le *National Directory of Addresses and Phone Numbers* (Concord Reference Book) mentionne non seulement les organisations avec des numéros 800, mais aussi les noms, les adresses et les numéros de téléphone de quelques dizaines de milliers d'organisations souvent appelées comme les médias, les institutions financières, etc. Ce répertoire présente également 40 000 numéros de télécopieurs.

Finalement, AT&T publie ses propres répertoires de numéros 800, le *AT&T Toll Free 800 Numbers*, qui est fait pour les consommateurs, et le *AT&T Toll Free 800 Directory for Business*. On peut les obtenir en contactant : AT&T 800 Directory, 2833, North Franklin Road, Indianapolis, IN 46219, USA, 1 800 242-4634.

Le *Facsimile Users' Directory* donne les numéros de télécopieurs de 34 000 organisations au Canada, en Europe, en Extrême-Orient et aux États-Unis, avec un index par sujets et par pays. Pour sa part, le *National Fax Directory* donne les numéros de 80 000 organisations américaines. Il inclut également les numéros confidentiels indiquant qu'il faut d'abord appeler ces organisations pour obtenir la permission de leur envoyer un message par télécopieur.

▽ *Les pages couleurs des annuaires téléphoniques*

Les compagnies de téléphone (Bell Canada, Québec-Téléphone, etc.) publient annuellement leur annuaire des abonnés. En tant qu'usager d'un service téléphonique, un particulier reçoit régulièrement un annuaire qui lui permet de rejoindre les autres usagers du service téléphonique, sauf les abonnés qui demandent de ne pas publier leur adresse et leur numéro de téléphone.

Les annuaires téléphoniques peuvent limiter la recension des abonnés à une seule ville ou à un groupe de municipalités d'une région donnée. Les centres documentaires, qui doivent posséder une collection d'annuaires téléphoniques et de répertoires d'adresses spécialisés pour répondre aux besoins d'information de leurs usagers, déboursent des sommes importantes pour se procurer ces outils. Un centre documentaire de Montréal, par exemple, reçoit gratuitement l'annuaire de la ville en tant qu'usager, mais doit acheter les annuaires de bien d'autres villes du pays et de l'étranger.

La sections des pages blanches inventorient les abonnés (particuliers, associations, entreprises, établissements, etc.) dans l'ordre alphabétique.

La section des pages jaunes regroupe les collectivités (associations, organismes, commerces et entreprises, professionnels, etc.) dans un ordre alphabétique de sujets, sous-classées dans l'ordre alphabétique des noms. Cette section des pages jaunes constitue une mine de renseignements précieuse.

Enfin, la section des pages bleues offre la liste des services et organismes gouvernementaux et municipaux.

Le premier répertoire téléphonique au Canada – précurseur des pages blanches – était une liste publiée en 1878 par Hamilton District Telegraph Company, premier central téléphonique au Canada. Cette liste ne contenait même pas de numéros de téléphone. On y trouvait, par ordre alphabétique, résidences, médecins, dentistes, magasins, usines, marchands, étables et autres inscriptions telles que police locale, avocats, etc. Au lieu de composer un numéro, l'abonné n'avait qu'à donner à la standardiste le nom recherché. La première utilisation de papier jaune pour imprimer des sections par rubriques remonte à 1883, à Cheyenne (Wyoming), lorsqu'un imprimeur, manquant de papier blanc, lui a substitué du papier jaune, d'où l'origine du nom de ce média publicitaire.

Le premier annuaire *Pages jaunes* canadien est paru en janvier 1909, à Montréal. Aujourd'hui, plus de 340 annuaires *Pages jaunes* sont publiés au Canada.

La compagnie Micromedia de Toronto a produit pour Bell Canada un disque optique numérique (CD-ROM) contenant les coordonnées de six millions d'abonnés du Québec et de l'Ontario, incluant les pages blanches et les pages jaunes.

○   **Les dépanneurs**

On regroupe sous cette appellation différents ouvrages de référence qui visent à réunir une information ponctuelle, à la fine pointe de l'actualité.

On a recours à ces dépanneurs pour retrouver un nom ou un fait, vérifier l'exactitude d'une donnée ou préciser une date. Ces ouvrages présentent un grand nombre de faits et de statistiques de façon très brève. Ils sont parfaits pour répondre à des questions pour participer à des émissions telles que *Génies en herbe* : la cause du naufrage du *Titanic* et le nombre de morts, les édifices les plus élevés au monde, des listes de noms ou d'événements (empereurs romains, gouverneurs généraux du Canada, adresses des députés, faits divers de l'histoire, etc.).

∇ Les almanachs

D'abord consacrés à l'astronomie et à la météorologie, les almanachs ont subi de nombreux ajouts au cours des années : folklore, proverbes, santé, conseils pratiques, etc. Tant et si bien qu'un almanach moderne contient une énorme quantité de données géographiques, politiques, économiques, etc.

Les almanachs sont également des publications annuelles. Ils n'ont pas le caractère officiel des annuaires ; leur contenu est plus léger, plus populaire. On y aborde des sujets d'actualité, mais sous une forme très simple. En plus de ces articles, les almanachs contiennent habituellement un grand nombre de tableaux, de listes de noms, de dates, de courtes présentations d'événements récents. Bref, les almanachs sont des ouvrages qui peuvent dépanner sur plus d'un détail pratique.

Du côté québécois, l'*Almanach du Peuple* couvre tous les domaines. Il fournit une foule de renseignements sur l'actualité sociale, la politique canadienne et québécoise. L'*Almanach moderne* contient de l'information générale sur l'ensemble des pays dont le Canada et le Québec, dans tous les domaines : la science, la santé, l'éducation, la nature humaine, etc. Signalons également l'*Almanach populaire catholique*, l'*Almanach du Saguenay–Lac-Saint-Jean*, etc.

Le *Canadian Almanac and Directory* est le principal almanach canadien. Ses sept sections contiennent de nombreuses informations détaillées sur tous les aspects de la vie canadienne : gouvernemental (provincial et fédéral), scolaire, financier, légal, commercial, transport, édition, etc. Son contenu est classé méthodiquement en 140 sections, chacune incluant de nombreuses dates, des statistiques, des adresses, etc.

On y trouve la liste de la majorité des bibliothèques du Québec avec les noms, adresses et numéros de téléphone, la liste des représentants diplomatiques au Canada et celle des diplomates canadiens à l'étranger, la liste des médias et des principales associations canadiennes avec leurs coordonnées, un répertoire culturel canadien complet avec une liste des musées, des jardins botaniques, des galeries d'art, etc., la liste des maisons d'enseignement, un répertoire des gouvernements, et même la liste des banques avec leur adresse, leur numéro de téléphone et leurs administrateurs. La section « Government

Information Source and Quick Reference Table» comporte une division alphabétique par sujets. Ainsi, «The Aged» renvoie à «Senior Citizen» où l'on donne le ministère fédéral qui a autorité en ce domaine, avec l'adresse et le numéro de téléphone du centre de documentation, puis on répète ces informations pour toutes les provinces, y compris le Québec. On trouve aussi, entre autres, une liste des municipalités du Québec, 240 pages de noms et d'adresses d'associations, des listes de revues et de publications ethniques, des journaux canadiens et des éditeurs.

Publié chaque année, le *Canadian Almanac and Directory* a un frère jumeau, *The Source Book : The Corpus Almanac.*

En format plus compact, le *Quick Canadian Facts, The Canadian Pocket Encyclopedia* est une référence rapide sur les Canadiens, le sport, les loisirs, l'économie, la politique, la géographie et l'histoire. On y trouve la liste des fêtes, les organismes gouvernementaux, une chronologie du Canada de l'an 1000 à nos jours, ainsi que de courts articles sur chaque province. Global Press publie *The Canadian World Almanac and Book of Facts*, qui porte sur une variété de sujets canadiens et internationaux : des statistiques récentes sur tous les aspects du Canada, les événements mondiaux, y compris de l'information en profondeur sur les États-Unis, les décisions de la Cour suprême, le nombre de cas de sida, les loteries au Canada, etc.

De l'autre côté de l'Atlantique nous parviennent également, chaque année, *Quid ? Tout pour tous* (1963-   ), à la fois un dépanneur et une mémoire de secours, bourré de faits, de chiffres et de dates sur tous les sujets et le *Journal de l'année* (1966-   ) qui présente une chronologie générale mondiale en faisant le point sur la vie intellectuelle, religieuse et quotidienne.

Depuis maintenant un siècle, *The World Almanac and Book of Facts* se veut le reflet du savoir universel en condensé : une chronologie de l'année, un *Guide de survie du contribuable*, des chiffres et des statistiques sur l'éducation, les principales religions, les plus grands tunnels du monde, la vitesse des vents au Canada, etc.

Il y a quelques années est apparu le *People's Almanac*. Cet almanach a gardé le format compact, mais les sujets y sont abordés différemment. Ainsi, dans la section sur les pays, on trouve une vedette-matière « Qui dirige ? », suivie quelques lignes plus loin de « Qui dirige vraiment ? » où l'on explique la vraie situation politique du pays. On trouve aussi un vaste choix d'énigmes et d'anecdotes et, dans l'édition consultée, une très amusante histoire fouillée de la prohibition des drogues dans le monde, du café à la cocaïne. Par contre, les articles valent ce que valent leurs auteurs et ici, contrairement aux autres almanachs, il y a de nettes et pénibles variations.

Charts on File (Diagram Group, New York) est une collection des 300 diagrammes les plus souvent demandés : l'échelle Richter, les parties d'un glacier, l'échelle Beaufort de la vélocité des vents, l'évolution des organismes, etc.

∇   Les guides des événements récents

Pour retracer un événement qui s'est passé au Canada et en cerner rapidement l'essentiel, *Canadian News Facts* fournit, depuis le 1er janvier 1967, un résumé et un index de l'actualité. En plus de l'agence de nouvelles Presse canadienne, sept quotidiens sont dépouillés systématiquement pour alimenter ces résumés : *Calgary Herald, The Globe and Mail, Halifax Chronicle Herald, Montreal Gazette, Toronto Star, Toronto Sunday Star, Vancouver Sun* et *Winnipeg Free Press*. La source n'est cependant pas mentionnée. Les résumés, qui traitent du Canada seulement, sont publiés deux fois par mois. L'index trie les informations par sujets et par noms propres (relevé photographique et graphique). Un index cumulatif permet de retrouver facilement les personnes et les événements. Son compétiteur, *Newscom*, publie des résumés à partir de quelque 200 journaux, publications financières, magazines et cite toujours ses sources.

Le *Canadian Annual Review of Politics and Public Affairs* (1901-   ) revoit les événements de l'année dans une série d'essais rédigés par des spécialistes et classés en quatre grandes parties : le Parlement et les affaires politiques, les provinces, les affaires extérieures et la défense, suivies de l'économie nationale. Cet annuaire a été publié, de 1901 à 1938, sous le nom de *Canadian Annual Review of Public Affairs* et, de 1960 à 1970, sous celui de *Canadian Annual Review*.

Pour les événements qui se sont passés depuis le 30 octobre 1940, on peut consulter également le *Facts on File* qui est un condensé hebdomadaire des nouvelles mondiales dont le slogan est particulièrement accrocheur : « How to read 77 newspapers in 30 minutes » et qui comporte un classement chronologique avec regroupement des nouvelles par sujets. Les rédacteurs y résument les faits d'actualité les plus importants à partir d'une cinquantaine de revues et de journaux américains et étrangers. Avec *Facts on File*, l'accent est mis sur les événements américains, mais la couverture reste internationale. Le tout est condensé en rapports courts, factuels et objectifs, présentés sous de larges rubriques telles que affaires mondiales, nationales, finance, économie, etc. *Facts on File* inclut un atlas mondial en couleurs de 32 pages et un index cumulatif bimensuel, trimestriel et annuel.

Le *Keesing's Contemporary Archives* (1931-   ) est un hebdomadaire londonien qui reproduit des informations souvent détaillées sur l'actualité politique et gouvernementale et résume les événements par pays. Il comprend un index bimensuel, trimestriel et annuel.

Le *Editorials on File* reproduit les éditoriaux au complet (et les caricatures éditoriales) de plus de 140 journaux canadiens et américains, bimensuellement. C'est un outil essentiel pour faire le tour des arguments, pour ou contre, sur des sujets actuels.

The Encyclopedia of the Third World, publié par le *Facts on File*, en deux volumes, est une source utile pour les pays du Tiers-Monde. On y trouve des cartes, des données de base (langue, religion, économie) et une bibliographie pour chaque pays.

➤ Trucs

- *Facts on File* est un des meilleurs dépanneurs. Les résumés des événements parviennent aux centres documentaires dans les 10 jours suivant les événements eux-mêmes. Si vous avez à effectuer une recherche sur la dernière crise politique dans un pays quelconque, *Facts on File* peut vous fournir ce qu'il faut pour avoir une très bonne idée générale de ce qui s'est passé.

▽ *Les guides de voyage*

Au début du XIXe siècle, le fils d'un imprimeur allemand, Karl Baedeker, fondait sa propre maison d'édition. Il publia un guide de voyage sur sa région, le *Guide des voyageurs sur les bords du Rhin*, qui se révéla si populaire qu'il donna naissance à toute une collection de guides de voyage, lesquels furent bientôt traduits dans plusieurs langues et appréciés grâce à l'abondance et à l'exactitude de ses renseignements. Encore aujourd'hui, si vous désirez obtenir une image globale d'un pays, d'une ville ou d'une région durant le dernier siècle, les guides de voyage de l'époque peuvent vous aider grandement. Par ailleurs, pour un résumé de l'histoire, de la littérature ou des arts d'un pays, le *Guide Bleu*, le *Michelin* et le *Gallimard* offrent des survols aussi complets qu'intéressants.

▽ *Les dépanneurs de l'inusité*

Dans *Il y a toujours une première fois*, éphémérides des premiers événements québécois (1984), Robert Prévost donne 715 primeurs avec une division par jours de l'année. Par exemple, le 13 avril 1709 : première ordonnance sur l'esclavage ; le 15 mai 1675 : première monnaie de papier ; le 24 novembre 1834 : premier prêtre sous-ministre. Les textes ont quelques paragraphes seulement et le livre comprend beaucoup d'illustrations.

Pierre Germa publie, depuis 1981, *Depuis quand ? Les origines des choses de la vie quotidienne*. Qui a inventé la cafetière ? la machine à laver ? Quand a été fabriqué le premier camembert ? Qui a inventé le soutien-gorge ? L'auteur dit avoir passé en revue 800 objets, du caleçon au lavabo, en passant par le mouchoir et le yeti.

Le livre des listes, comme son nom l'indique, dresse des listes amusantes, sans plus (10 enfants prodiges, 10 malfaiteurs qui ont tenu la police en haleine, 10 animaux célèbres, etc.).

Guinness est le nom d'une célèbre brasserie irlandaise. En 1955, la brasserie a décidé de prêter main-forte aux pauvres serveurs chargés de trancher les paris entre leurs clients, en publiant un livre qui ferait autorité entre les buveurs. Depuis, *Le Livre Guinness des records* recense pratiquement tout ce qui peut être pesé, mesuré ou compté. *Le livre mondial des inventions* décrit le contexte et fournit une foule de renseignements liés aux inventions. Le *Prudential's Book of Canadian Winners and Heroes*, conçu pour répondre à la demande populaire et facile à feuilleter, donne la liste des plus récents gagnants et une foule de renseignements sur eux, les prix dans divers domaines, etc.

Le *Famous First Facts, a Record of First Happenings, Discoveries and Inventions in the United States*, de Joseph Nathan Kane, fait la joie du personnel des centres documentaires qui doivent répondre à des questions du genre : Qui a inventé la brosse à dents ? Qui, le premier, a sauté en bas du pont de Brooklyn ? Il comporte un index par années, par jours du mois, par noms, par lieux géographiques.

Le grand livre des comparaisons, de Diagram Group, montre tous les moyens mis en œuvre pour mesurer l'univers. Afin de rendre cette abondante information facile à comprendre, l'éditeur la présente sous forme d'illustrations, de tableaux et de diagrammes, tous accompagnés d'explications simples et précises. Grâce à cette technique, le lecteur réalise, d'un seul coup d'œil, des comparaisons qu'il serait moins aisé de saisir à l'aide de simples photographies. On y montre, par exemple, le supertanker Bellamya à côté de l'Empire State Building qu'il surpasse de 18 mètres.

▽ *Les recueils de citations*

À titre d'exemples :

- *L'Encyclopédie des citations*, de Dupré, qui comprend des expressions proverbiales et des proverbes français et étrangers.

- *Citations québécoises modernes* de Claude Janelle. Montréal, 1976.

- *Dictionnaire de citations de la littérature québécoise* de David Strickland, Montréal, La Presse, 1974.

- *Dictionnaire de citations du monde entier*, sous la direction de Florence Montreynaud et Jeanne Matignon. Paris, Le Robert, 1987.

∇ **Les recueils d'œuvres littéraires**

- Le *Dictionnaire des œuvres de tous les temps et de tous les pays : littérature, philosophie, musique, sciences*, Paris, Laffont-Bompiani, 1952-1955, 5 volumes.
- Le *Dictionnaire des œuvres littéraires du Québec*.

❏ 4. LA RECHERCHE
   EN PROFONDEUR

Il est possible de bouquiner, au hasard, sur les rayons d'un centre documentaire et de faire des découvertes inespérées, surtout si l'on parvient à
dénicher le rayon correspondant à ses intérêts. Par la suite, des vérifications
périodiques permettront de trouver les nouveaux titres publiés pour effectuer
la recherche. En général, cependant, il faut une méthode de recherche plus
rigoureuse, suivre certaines étapes qui vont du général au particulier.

Avant tout, il faut avoir une idée générale du sujet : il est difficile de se
poser des questions intelligentes sur un sujet, si l'on ne dispose pas d'un minimum de connaissances en la matière.

Nous avons analysé dans le chapitre précédent les principales catégories
d'ouvrages de référence en présentant quelques titres et en indiquant la portée
de l'information qu'ils contiennent et la façon de les utiliser efficacement pour
trouver une réponse rapide à une question factuelle.

La recherche en profondeur vise à reconstituer une histoire, à effectuer
une analyse, à fonder une interprétation, à élaborer un rapport détaillé. Y a-t-il
eu des Canadiens dans la SS ? Pourquoi des milliers d'Irlandais sont-ils enterrés sur une petite île en face de Montmagny ? Pourquoi les Montagnais,
peuple de la forêt, sont-ils établis maintenant le long du Saint-Laurent ? Quel
est l'impact des 2 000 usuriers de Montréal sur le crime ? Quelles sont les
activités des Gamblers anonymes ?

Trouver les réponses à des questions de ce genre exige un plan de
recherche en plusieurs étapes, des ressources variées et de nombreuses
heures de travail, sinon des semaines ou des mois. La recherche en pro-

fondeur nécessite la même démarche que la recherche rapide. Il faut consulter des almanachs, des répertoires, des encyclopédies ; la différence est qu'on doit aller plus loin sur la piste documentaire, chercher plus en profondeur.

Un centre documentaire ne peut pas posséder tous les documents dont les usagers peuvent avoir besoin. Son catalogue ne fournit l'inventaire que des collections qu'il possède, et c'est parfois insuffisant pour certaines recherches.

La majorité des ouvrages cités dans ce chapitre ne se trouvent que dans les grandes bibliothèques publiques, dans les bibliothèques collégiales, universitaires et dans certaines grandes bibliothèques spécialisées.

○   Les bibliographies d'ouvrages de référence

On peut toujours présumer qu'il y a une encyclopédie ou un autre ouvrage de référence sur le sujet qui vous intéresse. Certains ouvrages peuvent vous l'indiquer si c'est le cas. Dans ce type de bibliographies, le repérage des titres d'ouvrages de référence est facilité par des index par auteurs, par titres et par sujets ; la plupart de ces répertoires fournissent des annotations pour chacun des titres retenus. Si le centre documentaire où vous effectuez vos recherches ne détient pas le ou les titres que vous désirez, nous verrons dans ce chapitre comment vous pourrez localiser un autre centre qui les possède.

La Bibliothèque nationale du Québec a publié en 1969 *Les ouvrages de référence du Québec*, un résumé avec notices bibliographiques des ouvrages de référence publiés au Québec ou sur le Québec. Deux suppléments couvrant les années 1967-1974 et 1974-1981 existent également.

Plus récent, le *Bulletin bibliographique des ouvrages de référence* de Gilles Deschatelets et Liliane Kahil, publié par l'École de bibliothéconomie et des sciences de l'information (Université de Montréal) en 1990, fait un inventaire des principaux outils de référence sur le plan international.

La Canadian Library Association a fait paraître en 1981, par Dorothy E. Ryder, *Canadian Reference Sources : A Selective Guide* qui répertorie les ouvrages de référence publiés au Canada dans tous les domaines.

Le livre *Guide to Reference Books* (1986), d'Eugene Sheehy, publié par l'American Library Association, est la bible du bibliothécaire de référence pour les titres américains, canadiens et britanniques.

Reference Services Review (RSR) est un index qui, depuis 1973, fait la critique de livres de référence récents dans différents domaines (ouvrages spécialisés en médecine, en droit, en science, etc.) et qui localise des recensions additionnelles dans la littérature commerciale et professionnelle. Il répertorie les critiques parues dans *Booklist, Library Journal*, etc. Pour sa part, le *Reference Book Review Index* permet de retracer les recensions parues dans 1 000 périodiques.

Chaque volume annuel de la série *American Reference Books Annual (ARBA)* présente, depuis 1970, une recension détaillée de tous les livres de référence publiés aux États-Unis et au Canada, mais aussi en Grande-Bretagne, en Autriche, etc., au cours de l'année précédente, soit quelque 1 500 titres. *ARBA* est une bonne mise à jour du *Guide to Reference Books*, de Sheehy. Quatre index cumulatifs (1970-1974), (1975-1979), (1980-1984) et (1985-1989) ont été publiés depuis le début de la série, pour un total de 30 000 ouvrages de référence.

Reference Sources, publié chez Pierian Press depuis 1977, est une liste complète de sources de référence dans tous les domaines, publiées durant l'année.

Dictionaries, Encyclopedias, and Other Word-Related Books, d'Annie M. Brewer (Gale, 1982), donne la liste de 28 000 ouvrages publiés depuis 1961, et *Best Encyclopedias : A Guide to General and Specialized Encyclopedias* (Oryx, 1986), par Kenneth F. Kister, donne la description détaillée de plus de 500 titres d'encyclopédies.

◯ Les bibliographies de bibliographies

La compilation de listes de livres a été le premier pas vers le développement des bibliographies. Le deuxième pas, tout aussi logique, a été de compiler une liste de ces bibliographies et de faire des bibliographies de bibliographies, dont la première est apparue en 1686. Avant de poursuivre sa recherche dans le catalogue et sur les rayons d'un centre documentaire, il est préférable de savoir si quelqu'un d'autre n'a pas déjà fait tout ce travail à votre place, bref, de voir si la bibliographie du sujet que vous voulez traiter n'existe pas déjà. La bibliographie s'est considérablement transformée avec l'arrivée des nouvelles technologies : microformes, accès direct et CD-ROM.

Une bibliographie est simplement une liste de documents (articles de périodiques, de documents officiels, documents audiovisuels, etc.) sur un auteur ou un sujet particulier. Il existe également des bibliographies qui se consacrent uniquement à un sujet particulier, comme *EDUQ : bibliographie analytique sur l'éducation au Québec*, alors que d'autres bibliographies, nationales (*Canadiana*) et commerciales (*Books in Print*), répertorient tous les livres publiés dans un pays. Il existe aussi des bibliographies de portée internationale. La plupart des livres, des encyclopédies et des articles de fond dans les périodiques comportent une bibliographie. Cette liste donne les meilleurs documents que l'auteur a consultés sur le sujet. Lorsque les sources retenues par des auteurs différents se recoupent, vous êtes sur une bonne piste.

Lorsqu'on effectue une recherche en profondeur, trouver une bibliographie est aussi important que si l'on découvrait une mine d'or. Cela signifie que quelqu'un d'autre, quelque part, a déjà compilé des sources documentaires sur le sujet qui vous préoccupe, ce qui vous fournit souvent les documents les plus importants pour votre recherche. Il faut cependant jeter un regard critique sur la façon dont cette bibliographie a été rédigée (sources consultées, années recensées, etc.) pour savoir éventuellement comment la compléter.

Vous faites un travail sur les films muets ou le western ? Vous serez heureux de connaître *Western Films : an Annotated Critical Bibliography* de J.G. Machbar ou *Silent Cinema : Annotated Critical Bibliography* de L.R. Phillips. De même, ce n'est pas à la fin de longues heures de recherche sur l'Acadie ou l'Abitibi qu'il faut découvrir la *Bibliographie de l'Acadie* de Suzanne Boucher ou la *Bibliographie de l'Abitibi-Témiscamingue* de Benoît Beaudry-Gourd. Si vous avez besoin d'une bibliographie sur le mouvement écologique, consultez *Classes sociales et mouvements sociaux au Québec et au Canada*.

En partant du principe qu'il y a sûrement quelqu'un, quelque part, qui éprouve le besoin de compiler, il faut toujours se demander s'il y a une bibliographie sur un sujet, quel qu'il soit. Parfois, le bibliographe fait plus que mentionner l'auteur et le titre : il ajoute des commentaires. Il s'agit alors d'une bibliographie annotée.

La Bibliothèque nationale du Québec a publié, en 1979, *Bibliographie de bibliographies québécoises* (avec des suppléments en 1980 et en 1981) qui recense plus de 4 000 bibliographies parues sous forme de livres et de périodiques. Le terme bibliographie est ici utilisé au sens large, incluant non seulement les listes de livres, mais également les catalogues de bibliothèques, d'éditeurs, les discographies, les filmographies, les listes de manuscrits, etc. La consultation de *Bibliographie du Québec* depuis 1981, sous le sujet qui vous intéresse, suivi de la subdivision « Bibliographie », vous indiquera s'il en existe une.

En 1972, Douglas Lochhead a rédigé *Bibliographie des bibliographies canadiennes*. Un an plus tard, Claude Thibeault a publié *Bibliographica Canadiana* : 795 pages, plus de 25 000 livres, brochures, rapports et, surtout, articles de périodiques portant sur l'histoire du Canada et du Québec, des origines à nos jours. La période de 1945 à 1969 comporte plus de 5 000 références. Le livre comprend également un index détaillé de plus de 100 pages. Pour le Canada, on peut aussi consulter *Canada Since 1867 :*

A Bibliographical Guide, Granatstein, J.L., et Paul Stevens, ed., Toronto, Hakkert, 1974.

Le *Manuel de bibliographie* de Louise Malclès, Presses universitaires de France, 1986, est une des meilleures sources en français.

Le *Bulletin of Bibliography and Magazine Notes* (1897-   ) publie, plusieurs fois par année, des bibliographies sur un grand nombre de sujets dans le domaine des humanités et des sciences sociales.

Le *Library Bibliographies and Indexes*, de Paul Wasserman et Esther Herman (Gale Research), est un guide par sujets des bibliographies et des index qu'on peut trouver dans les bibliothèques, les centres de documentation, les écoles de bibliothéconomie (travaux d'étudiants par exemple) et les associations de bibliothécaires des États-Unis et du Canada.

✳ ➤ **Truc**

* Dans un centre documentaire, « Bibliographie » est une subdivision des vedettes-matière ; par conséquent, on cherche le sujet suivi de cette subdivision, par exemple :
  Art – Bibliographie ;
  Chine – Bibliographie.

❍ Les bibliographies courantes et rétrospectives

Bibliographie du Québec: liste mensuelle des publications québécoises est publié par la Bibliothèque nationale du Québec depuis 1968, avec un index annuel et des index cumulatifs. On y recense des ouvrages édités au Québec ou portant sur le Québec.

Canadiana, publié par la Bibliothèque nationale du Canada, recense les publications produites au Canada depuis 1950 ou se rapportant au Canada. *Canadiana* est publié tous les mois avec une refonte annuelle. Outre les livres et les publications des gouvernements fédéraux et provinciaux, *Canadiana* répertorie également les thèses sur microfilms, les brochures et les enregistrements sonores. Les films sont répertoriés dans *Films-Canadiana*.

La Bibliothèque nationale du Canada a dressé la liste rétrospective des ouvrages publiés avant 1950, sous le titre *Canadiana : 1867-1900 – Livres*, sur microfiches, répertoriant les monographies d'origine ou d'intérêt canadien parues entre 1867 et 1900. On indique pour chaque notice les bibliothèques canadiennes possédant l'ouvrage.

A Bibliography of Canadiana in Prints, 1751-1800, de M. Tremaine, Toronto, publié par University Press of Toronto en 1952, fait la description des premiers imprimés canadiens, livres et journaux. En fin de volume, on retrouve des notes sur les premiers imprimeurs.

Une recherche dans les catalogues de la Bibliothèque du Congrès, bibliothèque nationale et parlementaire des États-Unis, est possible à partir de 1898. Ces catalogues, intitulés *National Union Catalog Books*, sont produits mensuellement, avec refontes cumulatives annuelles, mais sur microfiches seulement, depuis 1983.

En 1967, la Bibliothèque a entrepris la publication d'un catalogue collectif unique des livres publiés entre 1898 et 1955, figurant au fichier national, soit 13 millions de fiches environ sur 16 millions, *The National Union Catalog : Pre-1956 Imprints*. Avec cette édition de base et les suppléments, nous avons un inventaire collectif des bibliothèques américaines et canadiennes jusqu'au début des années 1980. À partir de 1983, il n'existe que des éditions sur microfiches mensuelles ou trimestrielles, formant plusieurs séries dont NUC Books et NUC United States Books (pour les livres américains) qui sont des séries mensuelles.

L'équivalent français, publié par la Bibliothèque nationale de France, s'intitule *Bibliographie nationale française* et existe depuis 1811.

Le *Cumulative Book Index* est une bibliographie internationale de livres publiés en anglais par Wilson depuis 1898. Il s'agit d'une publication mensuelle avec refonte annuelle.

Les titres que nous venons d'énumérer existent aussi sur microfiches, interrogeables en ligne par l'intermédiaire d'un serveur, et sur disque optique numérique (à l'exception de *Bibliographie du Québec*). La plupart des pays industrialisés possèdent leur bibliographie nationale.

Le Bureau de la bibliographie rétrospective de la Bibliothèque nationale du Canada publie depuis 1980 l'inventaire des titres parus au Québec entre 1821 et 1967, intitulé *Bibliographie du Québec, 1821-1967*.

○   **Les bibliographies commerciales**

Les bibliographies commerciales sont publiées par des organismes spécialisés dans le commerce du livre et regroupent les documents actuellement en vente. Les documents inscrits ne sont pas nécessairement nouveaux ou récents, cela indique seulement qu'on peut encore se procurer ces titres chez l'éditeur. Limité à la production d'un seul pays, ce genre de bibliographie se retrouve dans les librairies et les centres documentaires pour repérer les éditeurs des documents désirés, leur adresse, le prix, etc.

Les libraires et le personnel des centres documentaires sont en relation directe avec les services de distribution des différentes maisons d'édition. Ils possèdent leurs catalogues qui répertorient les livres publiés ou à paraître avec, le plus souvent, quelques renseignements supplémentaires. Ils ont pratiquement tous la même « bible ». *Les livres disponibles canadiens de langue française* (1981-   ), publié chez Biblio Data, qui paraissait auparavant sous le titre : *Liste des livres disponibles de langue française des auteurs et éditeurs canadiens.* Il comprend une liste des livres, nouveaux ou non, que les éditeurs vendent. C'est un répertoire de toute la production canadienne de langue française, en trois volumes (auteurs, titres, sujets). Il contient près de 30 000 titres, plus de 500 éditeurs et quelque 300 distributeurs et est publié quatre fois par année.

✳ *Canadian Books in Print* (1967-   ) inventorie les publications des éditeurs canadiens de langue anglaise et comprend un index par éditeurs, par auteurs et par titres. Un autre ouvrage présente les livres par sujets : *Canadian Books in Print : Subject Index.*

✳ En France, *Les Livres disponibles, French Books in Print*, publié annuellement par le Cercle de la librairie française (1972-   ), est une bibliographie commerciale de tous les livres de langue française disponibles dans le monde, en plusieurs tomes : auteurs, titres et sujets. Le répertoire existe sur microfiches et sur disque optique numérique.

✳ Aux États-Unis, *Books in Print*, publié par Borokes depuis 1948, répertorie plus de 600 000 livres encore en vente chez 15 000 éditeurs que l'on peut repérer par auteurs, titres ou sujets. Ce répertoire existe également sur microfiches, interrogeable en ligne, et sur disque optique numérique. Si l'on connaît seulement l'auteur, on peut trouver la liste des livres qu'il a écrits.

À la fin de ces bibliographies commerciales se trouve une liste d'adresses des éditeurs et des distributeurs.

Il y a des équivalents de *Books in Print* pour plusieurs pays, notamment le *British Books in Print*, le *Australian Books in Print, Libros in Venta*, *Libri Italiani*, etc.

Ces bibliographies commerciales sont souvent les outils préférés des recherchistes, puisqu'elles permettent de passer rapidement à travers le labyrinthe des nombreux catalogues d'éditeurs.

➤ **Truc**

• Des compagnies se spécialisent dans la recherche de livres introuvables. On les retrouve dans les petites annonces de revues comme *New York Review of Books, Quill and Quire*, etc.

○ Les bibliographies annotées

Les éditeurs fournissent de nombreux livres aux critiques. Ceux-ci font leur choix et publient leurs commentaires dans les journaux et les revues. Les critiques sont particulièrement utiles, car elles vous donnent une idée générale d'un livre avant de l'acheter ou de l'emprunter grâce au prêt entre bibliothèques.

Les libraires doivent tenir compte de leur clientèle et sont en général bien informés des parutions nouvelles. Avant de faire l'achat de nouveaux documents, le personnel des centres documentaires affecté au choix consulte les diverses publications qui analysent et critiquent les livres récents, comme *Nuit Blanche* (Québec), *Livre d'ici* (Québec), *Bulletin critique du livre français* (France), *Livres hebdo* (France), *Préfaces* (France), etc.

Choix: documentation imprimée, publié par les Services documentaires multimedia[1] depuis 1964, répertorie et analyse la documentation imprimée de langue française destinée aux adultes et aux adolescents. Il est publié deux fois par mois avec une refonte annuelle. *Choix* existe également sur microfiches, interrogeable en direct, et sur disque optique numérique. Depuis janvier 1992, une version hebdomadaire peut être obtenue par télécopieur.

Du côté anglophone, *Canadian Book Review Annual*, (1989-   ) donne de courts comptes rendus de livres (en anglais) commerciaux et éducatifs.

Books in Canada: a National Review of Books (1971-   ) est une revue qui donne des résumés de livres de langue anglaise publiés au Canada.

Quill and Quire (1935-   ), mensuel traitant du marché du livre canadien, donne aussi des nouvelles sur les bibliothèques, le milieu de l'édition, les problèmes actuels, le marché récent et les livres éducatifs. Il comprend également une chronique sur les publications à paraître.

Book Review Index (1965-   ) ne fait que localiser des critiques de livres qui ont paru dans quelque 200 périodiques. Il n'y a pas d'extraits, contrairement à *Book Review Digest (BRD)* (1905-   ), qui recense 81 périodiques américains, britanniques et canadiens et qui, pour chaque livre, donne de larges extraits de comptes rendus. On ne recense pas le premier livre venu ou à la mode. Les livres doivent avoir reçu un minimum de comptes rendus pour être listés dans le *BRD*. Jusqu'en 1983, il était restreint aux livres publiés aux États-Unis; depuis cette date, il répertorie les livres publiés au Canada anglais. Il y a aussi *Current Book Review Citations* (1976-   ) qui

---

1. Antérieurement la Centrale des bibliothèques.

localise 1 000 périodiques généraux ou spécialisés non couverts par le *BRD* (*Art News, Microwaves, Yale Law Journal*, etc.).

Reference and Research Book News fait dans chaque numéro trimestriel des recensions concises, pertinentes, de plus de 200 livres récents. Les livres sont choisis en fonction de l'intérêt qu'ils présentent pour le personnel de bibliothèques publiques, collégiales et universitaires. Il fournit donc toutes les données bibliographiques.

Deux revues spécialisées font des recensions remarquables. D'abord, le *Library Journal* recense articles et comptes rendus depuis 1876. La rédaction se demande en quoi ce livre va ajouter à la collection de livres d'une bibliothèque, que ce soit une petite bibliothèque publique ou une grande bibliothèque universitaire. Le *Library Journal* publie plus de 5 000 recensions annuelles de livres intéressants. Il dresse des bibliographies sur des sujets divers. La liste annuelle de mai recense, depuis 1984, les sources de référence les plus pertinentes.

Booklist (1905-   ) publié par l'American Library Association (ALA) fait des recensions qui visent les petites et moyennes bibliothèques. En août, paraît un index cumulatif annuel.

Certaines critiques de revues sont tellement exhaustives, réussissent tellement bien à faire le tour de l'œuvre qu'on sait immédiatement ce que vaut le livre. Ainsi, les critiques du *New York Review of Books* (1963-   ) ont facilement plusieurs pages. Chaque numéro contient une dizaine de critiques (environ 3 500 mots chacun). L'index du *New York Times* comprend des critiques de livres qui ont paru dans le quotidien ou dans la section « Book Review » de l'édition du dimanche. Dans cette section, on fait la critique d'une trentaine de livres chaque semaine. Ces critiques se retrouvent grâce à *The New York Times Index* (1851-   ). Regardez sous la vedette-matière « Book Reviews », ils y sont classés par auteurs (lorsqu'il s'agit d'un seul auteur) et par titres pour tous les autres ouvrages (anthologies, collaborations, etc.). Le *New York Times* a justement publié *The New York Times Book Review Index* (1896-1970).

Il y a aussi des critiques spécialisées. Ainsi, l'American Association for the Advancement of Science publie *Science Books & Films* (1965-   ), qui s'adresse aux bibliothécaires et aux professeurs de science. Ils peuvent y lire, en plus de bibliographies spécialisées, une revue critique de livres, films et vidéocassettes sur tous les aspects de la science. On recense, par numéros, plus de 300 sujets qui touchent aussi bien les jardins d'enfance que les professionnels.

○ Les serveurs et les bases de données

Certaines bases de données sont des bibliographies que l'on interroge à l'aide d'un ordinateur. Les serveurs sont des organismes ou des compagnies qui produisent parfois leurs propres bases ou qui diffusent des bases produites par d'autres.

L'accès à ces informations requiert un terminal ou un micro-ordinateur avec un modem, un téléphone et un numéro de client de la banque de données de votre choix. La plupart de ces systèmes peuvent être utilisés par abonnement ou selon un tarif fixe. Il faut établir un protocole d'entente avec chaque serveur de banques de données. La plupart des serveurs offrent une formation et des manuels d'interprétation et d'utilisation.

Une banque de données peut être interrogée selon plusieurs accès : auteurs, titres, sujets, cotes, etc. Les résultats peuvent être obtenus immédiatement à l'écran. On peut également les imprimer ou, ce qui est encore plus utile pour le chercheur, les conserver sur une disquette de travail.

Il est important de distinguer les différentes sortes de banques de données. Certaines équivalent à la version ordinolingue des index bibliographiques imprimés ; d'autres n'ont pas leur équivalent sous forme imprimée. Elles sont généralement bibliographiques et n'offrent que des références ; elles donnent une liste d'articles, de livres, d'*abstracts* qui touchent un sujet, avec le nom de l'auteur, le titre de l'article et la revue où il a été publié ainsi que la date exacte. Vous devez trouver le matériel vous-même. Mais le temps passé à trouver le matériel est grandement réduit.

Quelques banques de données donnent également un résumé d'au moins un paragraphe *(abstract)*. D'autres fournissent le texte intégral des publications : les grands magazines *(Time, Scientific American)*, les journaux *(New York Times, The Gazette, La Presse)*, et nombre de bulletins spécialisés sont offerts intégralement sur support informatique. Il existe aussi des banques factuelles où l'on retrouve par exemple des statistiques ; l'information est alors complète. Sur plus de 3 000 banques d'information existant dans le monde, les banques bibliographiques sont deux fois plus nombreuses que les banques de texte.

Une référence comprend le nom de l'auteur, le titre et la source ; le recherchiste doit ensuite trouver les livres et les articles. Dans un *abstract* (plus cher), le chercheur reçoit un bref résumé de l'article ou du livre, en plus de la référence. Un résumé fait économiser du temps en indiquant si, oui ou non, ça vaut la peine de poursuivre la recherche.

La Bibliothèque nationale du Canada a publié *Bases de données canadiennes lisibles par machine* qui recense et décrit les bases de données produites au Canada. Tous les sujets sont étudiés, allant des sciences humaines à la technologie. La section la plus importante décrit les bases de données, dont les noms sont énumérés au complet dans l'ordre alphabétique. Viennent ensuite quatre index : le sujet, les producteurs de bases de données, les fournisseurs de services en direct et en différé et la liste maîtresse des noms anciens et actuels des fichiers, des abréviations et des acronymes.

Depuis 1980, la banque de données du Centre de recherches pour le développement international (CRDI) fournit des informations utiles aux chercheurs du Canada et du Tiers-Monde. Gérée par la bibliothèque du CRDI, cette banque de données regroupe des bibliographies sur les pays en développement et de l'information sur les projets s'y déroulant. Il s'agit souvent d'une information qui ne peut être obtenue ailleurs au Canada.

On trouve des descriptions des bases de données avec leurs tarifs, leurs services, etc. dans des guides bibliographiques tels que le *Directory of Online Database* (Cuadra/Elsevier) ou *Computer-Readable Databases* (Gale) qui identifient et décrivent des banques de données que le public peut utiliser. Ainsi, le *Directory of Online Database* contient des descriptions de 4 000 banques de données et de 600 serveurs. Ce catalogue en est à sa dixième année et il est révélateur de constater que la première édition ne répertoriait que 400 banques. *Computer-Readable Databases* est un guide essentiel pour les banques de données. Il résume les statistiques et les tendances de l'industrie et décrit plus de 4 000 banques de données.

Certains serveurs, ces fournisseurs privés d'une ou plusieurs banques de données, fournissent le logiciel (programmes) et le matériel (équipement physique).

CompuServe, le plus gros service de bases de données, a 300 000 clients. Dow Jones News/Retrieval, sous la responsabilité des éditeurs du *Wall Street Journal*, est le numéro 2 avec plus de 200 000 abonnés. Enfin, DIALOG a plus de 100 000 clients.

Les changements rapides dans ce domaine rendent impossible la tentative de dresser ici une liste complète de vendeurs, mais les principaux serveurs sont : DIALOG, BRS, INC, CompuServe, Dow Jones News/Retrieval, Data Resources, The Information Bank et Dun & Bradstreet. Tous ces vendeurs offrent d'excellentes bases de données financières qui, à l'exception de Dun & Bradstreet, peuvent être utilisées par le public.

Des serveurs offrent l'accès à plusieurs banques d'information. Ainsi, par exemple, aux États-Unis, DIALOG, à lui seul, ouvre la porte à plus de 200 banques. Au Canada, CAN/OLE se spécialise dans la diffusion d'information scientifique et technique. Sous l'égide du Conseil national de recherches du Canada (CNRC), ce serveur permet de rejoindre une quarantaine de banques spécialisées. QUICK LAW (QL) se spécialise pour sa part dans la jurisprudence. Son catalogue contient quelque 20 banques de données. De son côté, IST-Informathèque rejoint près de 70 banques, dont 7 québécoises. TÉLÉSYSTÈME offre 60 banques françaises au public québécois. Actuellement, une dizaine de serveurs publics sont actifs au Québec. Outre III, la banque de terminologie du Québec, SOQUIJ (services juridiques) et la Centrale des bibliothèques sont les plus connues.

L'utilisateur peut également se prévaloir du réseau offert par INET (Intelligent Network) conçu par Telecom Canada pour atteindre, du même coup, toute la panoplie de banques et de serveurs existants.

Le coût d'utilisation des banques de données dépend du temps d'interrogation, du temps réel (l'information apparaît immédiatement à l'écran) ou différé, des renseignements demandés (texte complet, *abstract* ou référence), etc.

Depuis quelques années, de nouveaux professionnels, sortes de courtiers en information, offrent leurs services pour interroger les banques de données à votre place. Cela peut se révéler fort utile et permettre d'économiser à la fois le temps de consultation et l'abonnement aux diverses banques.

❍   **Les catalogues collectifs et les réseaux documentaires**

Un centre documentaire ne peut pas posséder tous les documents qui existent sur le marché. Même les collections des bibliothèques universitaires, qui possèdent dans plusieurs cas quelques millions de documents, sont insuffisantes pour répondre à tous les besoins documentaires de leurs usagers. À titre d'exemple, la Bibliothèque générale de l'Université Laval effectue chaque année plus de 12 000 emprunts et prête à d'autres centres documentaires plus de 24 000 documents.

Les centres documentaires qui offrent un service de prêt entre bibliothèques possèdent nécessairement des catalogues collectifs imprimés ou sur microfiches. Ces outils de travail ne peuvent pas toujours être utilisés par les usagers, puisque c'est souvent le personnel qui effectue les recherches à leur place.

La Bibliothèque nationale du Canada offre un service téléphonique de localisation de documents pour 400 bibliothèques canadiennes et québécoises, par téléphone. Elle publie également divers catalogues collectifs de titres de périodiques, notamment *CANUC* (sciences sociales et humaines), *Liste collective des journaux canadiens*.

Aux États-Unis, la Bibliothèque du Congrès publie plusieurs titres intitulés *National Union Catalog*, relatifs aux livres, aux documents audiovisuels et au matériel cartographique. Plus de 11 000 bibliothèques américaines et canadiennes participent à ces catalogues.

Certains centres documentaires sont regroupés en réseaux, chacun étant relié par terminal à un catalogue automatisé. Ces réseaux sont évidemment fort utiles pour le prêt entre bibliothèques. *DOBIS*, produit par la Bibliothèque nationale du Canada, permet la consultation de plus de 1 000 bibliothèques canadiennes. *OCLC*, sigle signifiant Online Computer Library Center, regroupe les collections de 7 000 bibliothèques à travers le monde.

SIGIRD (BADADUQ), réseau de l'Université du Québec, réunit les collections de toutes les bibliothèques et les centres de documentation de toutes les composantes de l'Université du Québec à travers la province, et de toutes ses écoles affiliées.

RENARD, de la Fédération des cégeps, regroupe une trentaine de bibliothèques collégiales du Québec.

UTLAS dessert quelque 2 000 bibliothèques canadiennes et américaines et possède plus de 40 millions de notices catalographiques. Ce réseau se compose, entre autres, des collections des Bibliothèques nationales du Québec et du Canada, de la Bibliothèque du Congrès, de la plupart des bibliothèques universitaires canadiennes et des bibliothèques gouvernementales du Québec et du Canada.

○ **Les bibliographies de titres de périodiques**

Qui pourrait croire qu'il y a une revue, *Wooden Boat*, consacrée uniquement aux bateaux à coque de bois, à leur construction, à leur réparation et à leur préservation ? La question du divorce vous intéresse ? Le *Journal of Divorce* est fait pour vous. Les jeunes ? *Adolescence*, un trimestriel international consacré aux aspects physiologique, psychologique, psychiatrique, sociologique de cette période de la vie humaine, répondra à votre intérêt. Vous voulez tout savoir sur les gauchers ? *Lefthander Magazine* est ce qu'il vous faut. Vous collectionnez les paquets d'allumettes et vous voulez entrer en contact avec d'autres collectionneurs ? *Les grands collectionneurs québécois* vous mettra sur la piste de vos collègues. Le showbizz ? *Variety*. L'invasion de la vie privée ? *Privacy Journal*. Toutes ces revues fournissent de l'information en plus d'indiquer d'excellentes personnes-ressources. Il existe des outils de travail pour connaître les titres de périodiques qu'on peut se procurer sur le marché.

∇ *Les journaux*

Vous faites une recherche sur l'antisémitisme au Québec et vous cherchez des exemplaires des journaux racistes publiés par Adrien Arcand ? Vous voulez connaître les réactions des Sherbrookois à la fin du siècle dernier face au « Jesse James » québécois, Donald Morrison ? Un livre vous permet de repérer quels étaient les journaux publiés à Sherbrooke, à cette époque. *La presse québécoise des origines à nos jours,* d'André Beaulieu et Jean Hamelin, est un précieux instrument de recherche qui permet de localiser en un instant tous les journaux du Québec depuis la fondation de *La Gazette* en 1764 jusqu'à 1963. La fiche de chaque imprimé comprend le dernier titre du périodique, les titres antérieurs et les variantes, le lieu d'édition, la durée, la périodicité, la tendance politique principale, le format, le tirage, le prix, la localisation des collections et des microfilms. Chaque description bibliographique est suivie d'un bref historique où se dégagent les noms des fondateurs, propriétaires, éditeurs, imprimeurs, rédacteurs et auteurs cités. Un index des titres, un index des noms et un index toponymique complètent l'ouvrage.

Le catalogue collectif publié par la Bibliothèque nationale du Canada et intitulé *Liste collective des journaux canadiens* aide à repérer 10 000 journaux canadiens sur microformes conservés dans plus de 700 bibliothèques. Cet ouvrage inclut des titres publiés à n'importe quel moment et dans n'importe quelle langue ; il y sont classés par provinces, villes et titres, avec un index des titres. Un autre répertoire, le *Union List of Non-Canadian Newspapers Held by Canadian Libraries*, existe également.

Canadian Newspapers on Microfilm, publié par la Canadian Library Association, recense plus de 300 journaux du XIXe et du XXe siècle.

Newspapers in Microform est une publication produite par University Micro-films International. Elle comprend les journaux édités depuis le XVIIIe siècle et qui existent sur microformes. Ce répertoire est de portée internationale.

Le *Gale Directory of Publications* répertorie pratiquement tous les journaux des États-Unis et du Canada. Il succède au *Ayer Directory of Publications*, qui existait depuis 1880. La division est géographique plutôt que par sujets. À la fin du livre, une liste regroupe les journaux par catégories : publications religieuses, ethniques, techniques, etc. Ainsi, si l'on veut savoir quels journaux français sont publiés en Californie, on trouvera la réponse à la fin du livre. On y donne l'adresse, le téléphone, le tirage, le nom des personnes à contacter pour 25 000 publications.

▽ *Les revues et les magazines*

Des dizaines sinon des centaines de milliers de revues et magazines couvrent des milliers de sujets. En 1925, *World List of Scientific Periodicals* recensait 25 000 revues ; en 1934, 36 000, en 1952, 50 000 et en 1981, 100 000.

Même si votre sujet est sérieusement restreint, il peut y avoir une revue ou un magazine qui s'y consacre. Quelques éditeurs se sont lancés dans leur recension. Le géant actuel est le *Ulrich's International Periodicals Directory* (1932-   ) qui recense annuellement quelque 100 000 périodiques à travers le monde, classés en un demi-millier de sujets. Comme ses collègues recenseurs de revues, ce répertoire facilite la tâche. Vous cherchez votre sujet dans l'index et il vous donne la liste des revues dans le domaine : le titre du périodique, le nom de son éditeur, l'adresse, sa périodicité, le tirage, et même la liste des vedettes-matière en plusieurs langues dont le français. Il comporte aussi un index par titres, une liste de revues gouvernementales, une section nécrologique sur les revues disparues.

The Standard Periodical Directory est un répertoire de périodiques américains et canadiens. Pas moins de 65 000 magazines, revues, bulletins, répertoires, publications d'associations ou de compagnies, etc. y sont classés en 250 domaines et indexés par titres. On trouve le nom de l'éditeur, son adresse et son numéro de téléphone, les tarifs publicitaires et d'abonnement, le tirage, la périodicité, plus une description du contenu, le numéro ISSN et la date de fondation. Il ne remplace pas le *Ulrich's*, mais il le complète. Si l'approche des deux ouvrages est sensiblement la même, la couverture est différente. On retrouve dans le *Ulrich's* un vaste choix de périodiques non américains, alors que le *Standard* est limité aux publications américaines et canadiennes.

The Serials Directory, un nouveau répertoire international publié par l'agence internationale d'abonnements Ebsco, recense 113 000 périodiques, annuels, réguliers ou non.

Le *Magazine for Libraries* (Bowker) a l'avantage de fournir des annotations pour les revues ; il indique également quelles sont les meilleures revues dans un domaine. Le *Guide de la presse*, publié par l'Office universitaire de presse, analyse plus de 2 500 titres de revues et de journaux par année, en mettant l'accent sur la presse nationale et régionale de France, mais les principaux titres internationaux sont également présentés.

▽   Les catalogues collectifs de périodiques

Une fois que le journal ou la revue dont vous avez besoin a été identifié, il faut ensuite trouver le centre qui le possède.

La Bibliothèque nationale du Québec, depuis 1973, inventorie tous les périodiques déposés dans ses collections sous le titre de *Liste des revues et journaux courants québécois.*

La Conférence des recteurs principaux des universités du Québec et la Bibliothèque nationale du Québec produisent *CACTUS*, un catalogue collectif sur microfiches de toutes les bibliothèques universitaires du Québec et de la Bibliothèque nationale. Le ministère des Communications du Québec a publié en 1989 la 4ᵉ édition du *Catalogue collectif des bibliothèques gouverne- mentales du Québec.*

La Bibliothèque nationale d'Ottawa a publié *Union List of Serials in the Social Sciences and Humanities Held by Canadian Libraries.* Il s'agit d'une liste collective des publications en série dans le domaine des sciences sociales et humaines dans les bibliothèques canadiennes (1980-   ). Le Conseil national des sciences publie *Union List of Scientific Serials in Canadian Libraries* et *Union list of Music Periodicals in Canadian Libraries.*

Du côté américain, la source de base pour savoir quelle bibliothèque a quel périodique s'intitule *The Union List of Serials in the Libraries of United States and Canada* (1965-   ). C'est un catalogue collectif de près d'un millier de bibliothèques qui totalise la somme de 156 000 titres de pério- diques dont la publication a débuté avant 1950. Il est suivi de *New Serials Titles : a Union List of Serials.* C'est le catalogue collectif des périodiques conservés par la Bibliothèque du Congrès et par plus de 500 bibliothèques des États-Unis et du Canada.

○   Les bibliographies d'articles de périodiques (index et abstracts)

Les catalogues des centres documentaires ne signalent pas les articles qui paraissent dans les périodiques auxquels ils sont abonnés ; cela nécessiterait un personnel considérable. Il faut donc se tourner vers les services de dépouillement et d'indexation qui produisent des bibliographies, appelées communément *index* ou *abstracts*. En général, dans ces bibliographies, on cherche par auteurs et par sujets ; certains services classent même les articles de périodiques par dates.

Certaines bibliographies d'articles de périodiques ne donnent que les renseignements bibliographiques nécessaires à leur repérage (index) alors que d'autres fournissent en plus des résumés pour chaque article *(abstracts)*. Ces outils de travail existent souvent en version imprimée ou sur microfiches, sous des livraisons mensuelles ou bimestrielles, avec refontes annuelles et cumulatives, qu'on peut parfois interroger en ligne ou sur disques optiques numériques.

▽ Les journaux

Les journaux sont des sources d'information qui se caractérisent avant tout par la variété et la diversité des informations qu'ils présentent.

Pour les journaux du Québec, la source « incontournable », comme disent les lecteurs de la presse française, est l'*Index de l'actualité à travers la presse écrite* qui recense tous les articles du *Devoir* depuis 1972, ainsi que les articles de *La Presse* et du *Soleil.* Les articles sont classés par ordre alphabétique de sujets, et par dates. Le résumé de l'article figure seulement dans cette dernière section. *Le Devoir* est cependant dépouillé depuis 1966 dans l'*Index du journal Le Devoir*. Si vous repérez dans cet index une référence à la mort de quelqu'un ou à un événement, vous obtenez ainsi la date de l'événement et vous pouvez ensuite compléter vos informations avec les anciens numéros de *La Presse* ou d'un autre quotidien. Depuis l'automne 1990, nous pouvons utiliser un disque optique numérique intitulé *Periodisc La Presse*, qui est en fait la première base de données textuelles au Québec. Ce disque contient le texte intégral de tous les articles du journal *La Presse* de la dernière année. Le premier disque comprend la recension à partir de juillet 1990. *Periodisc La Presse* remplace *Infodex*, version imprimée, créé en 1985. Un disque rétrospectif pour les années 1985 à 1990 est en préparation, et on annonce pour 1993 l'inclusion des textes intégraux des journaux *Le Soleil* et *Le Devoir*.

Du côté anglophone, le *Canadian News Index* dépouille, depuis 1977, des quotidiens de langue anglaise *(Toronto Globe and Mail, Toronto Star, Vancouver Sun, Winnipeg Free Press, Calgary Herald* et *Halifax Chronicle Herald)*. Il couvre ainsi environ 53 000 articles par année.

Sur le plan international, les plus grands journaux sont indexés article par article. Le journal *Le Monde* est dépouillé mensuellement par la compagnie Research Publications et par le journal même. Un index rétrospectif couvre la période de 1944 à 1968. *Le Monde diplomatique* est dépouillé dans *Point de repère* depuis 1984 et il existe un index rétrospectif pour les années 1954 à 1983.

Le *New York Times* est dépouillé par le *New York Times Index.*
Information Bank of New York Times remonte à 1969. On y trouve les résumés des 100 000 articles annuels du *New York Times*, en plus de
100 000 autres résumés des principaux articles parus dans le *Washington
Post*, le *Los Angeles Times*, le *Business Week*, le *Wall Street Journal*, le
Chicago Tribune, le *Christian Science Monitor* et dans trois journaux
britanniques. À ces articles s'ajoutent généralement des coupures d'une
cinquantaine de périodiques de langue anglaise : *Consumer Reports,
Newsweek, Psychology Today, Sports Illustrated, U.S. News and World
Report* et *Washington Monthly.* Enfin, un choix est fait parmi certaines
publications touchant des domaines particuliers : le monde des affaires
(American Banker, Fortune), les affaires internationales *(Far Eastern
Economic Review, Foreign Affairs, Latin America Political Report, Middle
East)*, et même le monde scientifique *(Astronautics, Science, Scientific
American).*

C'est en somme une encyclopédie électronique dont les sujets sont classés par dates, par noms propres, par titres, par sujets, par thèmes et par
genres (reportages, entrevues, déclarations, communiqués). Pour des thèmes
apparentés à un sujet, on retrouve des renvois de type « voir aussi », comme
dans un dictionnaire de synonymes.

Le *National Newspaper Index* dépouille de façon exhaustive le
Christian Science Monitor, le *New York Times* et le *Wall Street Journal*
depuis le début de l'année 1979 et profite de mises à jour mensuelles. Tous
les articles de ces journaux sont inclus dans la banque de données, à
l'exception des prévisions météorologiques, des cotes de la bourse, des mots
croisés et de l'horoscope.

Du côté britannique, *The Times Index* (1785-   ) dépouille article par
article *The Times, The Sunday Times and Magazine, The Times Literary
Supplement, The Times Educational Supplement* et *The Times Higher
Education Supplement.*

➤ Trucs

*   Metropolitan News Agency, 1109, rue Cypress (métro Peel),
    Montréal (Québec) H3B 1N3, téléphone : (514) 866-9227, offre
    au public le plus vaste choix de journaux au Québec, sinon au
    Canada, depuis une quarantaine d'années. On y vend *La Pravda* (en
    russe), le *Miami Herald*, le *Los Angeles Free Press*, le *Frankfürter
    Allgemeine* et une foule d'autres journaux introuvables ailleurs.

*   La librairie Le dernier mot, 3968, boul. Saint-Laurent, Montréal
    (Québec) H2W 1Y4, téléphone : (514) 847-0524, offre aussi un

vaste choix de journaux et de périodiques internationaux avec spécialisation dans la presse alternative.

▽ Les revues et les magazines

En 1847, William Frederick Poole était étudiant à l'Université Yale. Plutôt
que de chercher dans l'index de chaque périodique, il décida de compiler tous
leurs index. Un an plus tard, il publie le premier index de périodiques. En
1876, lors du premier congrès de l'American Library Association, une cinquantaine de bibliothécaires acceptèrent de collaborer à l'amélioration de son
index. Celui-ci va devenir le *Poole's Index to Periodical Literature : 1802-
1906*, les articles étant classés par sujets seulement. On le considère comme le
père des index de périodiques actuels.

Environ 1 100 périodiques sont répertoriés au Canada, dont 24 % sont
en français. Il est souvent utile de commencer une recherche par les revues
parce que les articles de revues traitent de sujets plus variés que les livres ;
leur information est récente et concise.

Des index de périodiques, comme leur nom l'indique, « montrent du
doigt » des articles publiés dans les périodiques généraux ou spécialisés. Ils
dépouillent les articles de plusieurs revues ou journaux et en font la liste, avec
parfois des résumés d'articles *(abstracts)*. Avec ces index, on peut trouver
des articles sur à peu près tous les sujets et l'on y indique la source bibliographique complète (jour-mois-année ou volume-numéro) et la page précise.
Chaque index précise, au début ou à la fin, parfois au milieu, les titres des
revues qu'il dépouille et fournit leur adresse.

Le choix des revues dépouillées donne également une idée de l'index.
Certains index ne se préoccupent que des revues de consommation courante
qui touchent un grand nombre de sujets. Par contre, d'autres index se concentrent dans un domaine restreint de la connaissance. Par ailleurs, aucun
index ne peut suivre à la trace toutes les revues savantes qui sont publiées
dans le monde.

Il faut se familiariser avec les index qui ont recours à une série de sigles
et de codes pour économiser de l'espace. Cela représente à peu près la seule
difficulté de consultation d'un index. Quand on a appris à décoder sans
problèmes le *Canadian Periodical Index* ou le *New York Times Index*, les
autres index n'ont plus de secrets, puisqu'ils utilisent sensiblement les mêmes
abréviations et les mêmes sigles.

Le décodage n'est pas difficile : 136:31 N 18'85 signifie que l'article a
paru dans le volume 136 et commence à la page 31 du numéro daté du
18 novembre 1985. Chaque répertoire explique dans ses pages préliminaires

comment l'utiliser efficacement en fournissant des listes d'abréviations et de sigles.

➤ Trucs

- Généralement, les périodiques indiquent s'ils sont dépouillés en précisant l'index ou l'*abstract* en question.

- Le personnel des centres documentaires peut vous initier à la recherche dans les index imprimés ou en ligne.

- Quand vous trouvez une référence, assurez-vous d'inscrire tous les renseignements bibliographiques pour ne pas être obligé de reprendre votre recherche.

• Les périodiques d'intérêt général

Au Québec, depuis 1972, deux répertoires, *Radar* et *Périodex*, ont dépouillé les articles parus dans des revues du Québec et en français dans le monde (Europe, Afrique, etc.). Ils ont été remplacés en 1984 par *Point de repère*, qui analyse et indexe les articles de quelque 300 périodiques de langue française (200 au Québec, 10 au Canada et 70 dans les pays européens et africains). L'Université Laval a publié, entre 1966 et 1972, un répertoire intitulé *Index analytique* qui dépouillait sensiblement les mêmes titres.

Pour les revues canadiennes, le *Canadian Periodical Index* (1938-   ) dépouille les articles de 375 périodiques canadiens, dont quelques-uns en français, dans les domaines des affaires, de l'économie, des beaux-arts, de la bibliothéconomie, de la littérature, de la culture populaire et des sciences sociales. Il répertorie articles, comptes rendus, poèmes, nouvelles, bio-graphies, portraits et œuvres d'art. On a publié, en 1988, un répertoire rétrospectif, *Canadian Periodical Index* (1920-1937).

Canadian Magazine Index est également publié depuis 1986. On y indexe 400 magazines canadiens et quelques revues américaines importantes (*Scientific American, Hot Rod,* etc.)

Une fois un article repéré, s'il est impossible de trouver le périodique sur place, il faut effectuer un prêt entre bibliothèques. En dernier recours, il faut communiquer avec l'éditeur pour lui demander un exemplaire.

➤ Truc

- Certains périodiques donnent, généralement dans leur dernier nu-méro de l'année, une table des matières abordées dans leurs pages tout au long de l'année et, parfois, un index des articles. Quelquefois, tous les cinq ou dix ans, ils regroupent le contenu de ces tables annuelles dans une table refondue. Voilà donc un autre moyen de repérer la documentation.

On a déjà parlé de *Point de Repère* et du *Canadian Periodical Index* (CPI) ; si les quelques centaines de revues qu'ils analysent sont insuffisantes pour vos besoins de recherche, il faut alors puiser dans le réservoir améri-cain : des milliers de revues, des dizaines de milliers d'articles chaque année.

Reader's Guide To Periodical Literature (1900-   ), l'équivalent américain du *Canadian Periodical Index* ou de *Repère*, permet de connaître ce qui s'est publié depuis près d'un siècle dans les principales revues américaines.

Les magazines (*Newsweek, Life, Sports Illustrated* et 200 autres) in-dexés dans le *Reader's Guide* sont des magazines pour le grand public, de portée populaire. Les sujets techniques y sont donc vulgarisés. Par exemple, le sujet « la bombe atomique » est expliqué dans des termes simples dans une des revues dépouillées par cet index, ce qui n'est pas le cas d'un article sur le même sujet publié dans *Atomic Scientist*.

Si l'on ne trouve pas d'articles dans le *Reader's Guide*, on peut chercher dans les 150 périodiques dépouillés depuis 1975 dans *The Magazine Index* (Information Access). Il dépouille 400 revues d'intérêt général. Il ne fait pas double emploi avec le *Reader's Guide*. On peut trouver dans *Access* les articles écrits dans des périodiques tels que *Ballet News, Camera Arts, Channels of Communications, Discover, Geos* et *Science*, et dans des revues à caractère régional.

En 1969, l'année de Woodstock, quelqu'un a pensé à toute la presse alternative et radicale. Depuis, *Alternative Press Index* (Alternative Press Centre, College Park, 1969-   ) en dépouille une partie, plus précisément 221 périodiques dont 17 gais. Il indexe tous les articles en quelques para-graphes, de même que les bibliographies, les répertoires, les index, les édito-riaux, les listes de ressources, les poèmes, les critiques de livres, etc.

Enfin, *Utne Reader* (LENS Publishing, Minneapolis), publié tous les deux mois, est un des meilleurs répertoires du domaine de la presse alter-native. On y résume des articles parus dans *Mother Jones, Cultural Survival Quarterly, Whole Earth Review*, etc. ou on les reproduit intégralement.

International Index to Periodicals est le compagnon du *Reader's Guide*. On y trouve beaucoup de revues savantes qui ne sont pas dépouillées par le *Reader's Guide*.

Dans *Periodicals of Public Interest Organizations* (Commission for the Advancement of Public Interest Organizations), le lecteur trouvera les articles de 103 périodiques publiés par des organisations nationales d'intérêt public.

Certains pays occidentaux ont un index qui dépouille leurs princi paux périodiques. L'Allemagne indexe plusieurs milliers de périodiques et de journaux allemands dans *Internationale Bibliographie des Zeitschriftenliteratur*. En Grande-Bretagne, c'est le *British Humanities Index* et le *British Technology Index*.

Finalement, l'index essentiel pour toute recherche approfondie reste le *Public Affairs Information Service Bulletin (PAIS)* qui, depuis 1915, s'intéresse aux affaires publiques en général. Sa politique de choix de références dénote une attention particulière aux politiques publiques, à l'administration et à la législation. Il a, depuis 1972, un petit frère polyglotte, *PAIS Foreign Language Index*, qui fait le même genre de recension à partir de 400 périodiques et 2 000 livres publiés chaque année en français, en allemand, en espagnol, en portugais et en italien. Depuis 1985, on fournit des résumés en anglais de 90 % de cette documentation.

- ## Les périodiques spécialisés

Il y a des répertoires d'articles qui se spécialisent sur un seul sujet. Le *Social Sciences Index* (1974-   ), le *Humanities Index* (1974-   ), le *Business Periodicals Index* (1958-   ) et le *Applied Science and Technology Index* (1958-   ) recensent chacun 300 revues dans leurs domaines respectifs. Le *General Science Index* en recense 90, le *Biological and Agricultural Index* (1964-   ) en recense 180. L'*Index to Legal Periodicals* (1908-   ) en recense 400, l'*Education Index* (1929-   ) en recense 330. Le *Music Index*, l'index de base dans ce domaine, couvre 350 périodiques de 20 pays. Il y a également le *Religion Index One : Periodicals* et *Children's Magazine Guide*, publiés deux fois par année depuis 1948, ainsi que le *Canadian Feminist Periodical Index*. Le dernier-né, en version CD-ROM, s'intitule BRIO ; ce disque optique numérique, produit par SDM, est une banque de ressources sur les technologies de l'information en langue française.

Les sujets sont pratiquement sans limites. Votre diète vous préoccupe ? Regardez dans *Consumer Health and Nutrition Index* (1985). Ce nouvel index recense les articles et les critiques de livres à partir d'une quarantaine de revues de santé et de nutrition écrites pour le profane. L'*Engineering Index* couvre tous les aspects de l'ingénierie. Le *Costume Index* localise les images de divers costumes dans les livres couvrant toutes les périodes historiques et pratiquement tous les peuples et milieux. Le *Consumer's Index to Product Evaluations and Information Sources*, de Pierian Press, trimestriel, indexe, à partir d'environ 110 magazines comme le *Consumer Reports*, le *Parents Magazine*, l'*Audio*, le *Model Railroader*, etc., des articles qui analysent des produits courants.

Vous êtes intéressé par le droit et le crime ? Il suffit de consulter quelques index dont un canadien, l'*Index to Canadian Legal Periodical Literature* qui existe depuis 1961. Aux États-Unis, l'*Index to Legal Periodicals* (1908-) indexe plus de 500 périodiques légaux, de même que les revues du Barreau et des conseils judiciaires. Il en existe plusieurs autres dans ce domaine : l'*Index to Periodical Articles Related to Law* (1958-) et l'*Index to Foreign Legal Periodicals* (1960-). Finalement le *Criminal Justice Periodical Index* (1975-) est le répertoire de base pour les périodiques sur la justice criminelle. Il dépouille environ 100 périodiques.

La compagnie américaine H.W. Wilson s'est établi une réputation solide dans les répertoires spécialisés. Ce sont des séries en plusieurs volumes qui identifient des articles dans plusieurs secteurs : humanités, sciences sociales, sciences, art, etc. On retrouve le *Biological and Agriculture Index*, le *Social Science Index*, l'*Education Index*, l'*Applied Science and Technology Index*, l'*Art Index*, le *Biological and Agricultural Index*, le *Business Periodicals Index*, le *General Science Index*, le *Humanities Index*, etc.

Current Contents dépouille chaque semaine, à sa manière, la documentation courante. Il reproduit les tables de matières de plus de 4 000 périodiques et les dépouille à partir de l'information qui y est contenue sous sept rubriques.

Chaque rubrique comprend trois sections : « ISI Press Digest » comprend des résumés d'articles tirés de la presse générale et spécialisée, et choisis pour leur intérêt général. « Current Book Contents » reproduit les tables de matières de manuels, de livres, de comptes rendus de conférences, etc. « Current Contents Address Directory » permet de trouver les adresses des auteurs qui publient en science, en sciences sociales et en arts et humanités. La liste d'auteurs donne les noms et adresses des auteurs et des coauteurs, plus une brève description de leurs publications. La liste par organisations permet de retracer les adresses des auteurs selon leur affiliation à une organisation et l'index géographique fait de même par le lieu de l'institution.

Les périodiques spécialisés publient souvent des données spécifiques à leur domaine. Chaque année, *Automotive News* publie son almanach contenant une foule de données sur les ventes d'autos et de camions. *Guide to Special Issues and Indexes of Periodicals* indique à quel moment des périodiques publient des numéros spéciaux.

- **Les répertoires analytiques d'articles** *(abstracts)*

Un répertoire signalétique d'articles (index) donne seulement la référence bibliographique : l'auteur, le titre de l'article et de la revue, la tomaison, etc.

Les répertoires analytiques d'articles *(abstracts)* non seulement indiquent la référence bibliographique mais fournissent un résumé *(abstract)* de l'article. Ces répertoires se concentrent sur une discipline seulement.

Par exemple, le *Current Literature on Aging* (1957-   ), publié par The National Council on the Aging, est en tête de file pour la gérontologie sociale. Cet index résume tous les livres importants sur le sujet de même que des rapports choisis, des articles de périodiques et des documents gouvernementaux. Le *Ecology Abstracts* dépouille, depuis 1970, la littérature couvrant l'interaction entre les organismes et leur environnement en se spécialisant dans le management des écosystèmes. Le *Criminal Justice Abstracts* (1968   ) couvre environ 100 revues internationales dans la prévention du crime, génétique et crime, délinquants juvéniles, attitudes face aux armes à feu, etc.

Le *International Political Science Abstracts* (1951-   ) dépouille des articles en science politique parus dans des centaines de revues scientifiques et universitaires éditées dans le monde. Le *Eri : Current Index to Journals in Education* dépouille plus de 700 revues importantes du domaine de l'éducation.

- **Qui dépouille quoi ?**

Pour savoir s'il existe un index ou un *abstract* sur une discipline qui vous intéresse, il faut consulter le *Ulrich's* qui possède une section « Abstracting and Indexing Services » et les répertoires dont il est question ci-après.

Depuis 1982, le *Abstracting and Indexing Services Directory* (Gale) recense et décrit tous les titres de répertoires bibliographiques d'articles de périodiques signalétiques et analytiques en précisant leur support : papier, microforme, en ligne ou disque optique numérique. Ce guide identifie les organisations qui résument, indexent et publient l'information sur un sujet particulier. Pour chaque sujet, on indique si un *abstract* ou un index lui correspond.

Chicorel Index to Abstracting and Indexing Services (1978-   ) donne une liste de périodiques dans le domaine des humanités et des sciences sociales et vous indique où ils sont dépouillés.

Abstracts and Indexes in the Sciences and Technology, de Dolores B. Owen et Marguerite M. Hanchey, Scarecrow Press, 1974, et *Periodical Indexes in the Social Sciences and Humanities : A Subject Guide*, de Lois Harzfiels, Scarecrow Press, 1978.

• **Les agences d'abonnement**

Les centres documentaires font appel à des agences d'abonnement pour effectuer leurs abonnements. Chaque agence produit annuellement un catalogue (imprimé ou sur un autre support) qui précise les périodiques auxquels on peut s'abonner par leur intermédiaire et les modalités administratives requises. Un particulier peut également utiliser leurs services.

Les agences les plus utilisées au Québec sont les Services d'abonnement CanEbsco (Saint-Lambert, 1 800 361-7322), Express Magazine (Montréal, 1 800 363-7141), Faxon Canada (Mississauga, Ontario, (416) 273-3780), Pécado (Laval, (514) 628-3568 ou (418) 647-1087) et Periodica (Outremont, (514) 274-5468).

○ Les bulletins *(newsletters)*

La seule façon de connaître les activités de l'Association canadienne des sociétés Elisabeth Fry (l'équivalent féminin de la John Howard Society) est de recevoir leur *Bulletin* : 30 pages compactes passant en revue les points importants de l'univers carcéral féminin (détenues, ex-détenues, principales actions de la société, faits à surveiller, conférences à suivre, chroniques de livres, de vidéos, etc.)

Les bulletins sont des sources d'information sur tous les sujets, surtout les plus obscurs. *Oxbridge Directory of Newsletter*, avec 13 330 titres, est le plus grand répertoire de bulletins canadiens et américains. Il fournit des détails sur des bulletins gratuits ou non, professionnels, de consommateurs, d'associations, etc. Le *National Directory of Newsletters and Reporting Services* donne aussi une liste de bulletins dans tous les domaines. Ces bulletins se repèrent également dans les bibliographies de titres de périodiques, notamment le *Ulrich's International Periodical Directory*, le *Gale Directory of Publications*, etc.

○ Les brochures

En général, les brochures ne sont pas répertoriées par les bibliographies commerciales. Pour combler cette lacune, la compagnie Wilson consacre une bibliographie dédiée aux brochures : le *Vertical File Index*. Il n'existe pas d'équivalent en français.

Jean Hamelin, André Beaulieu et Gilles Gallichan ont publié *Brochures québécoises* (1764-1972), 598 pages (Québec, ministère des Communications, 1981). Il s'agit d'une liste de quelque 10 000 brochures classées chronologiquement. Ces documents ont été compilés à partir de bibliothèques particulièrement riches en brochures ; leur localisation est également fournie.

○ Les thèses

Les thèses sont des travaux présentés par des universitaires pour obtenir une maîtrise ou un doctorat. Elles font généralement une revue de ce qui a été écrit sur un sujet et fournissent, en principe, une bibliographie complète. Quelque 35 000 thèses sont déposées chaque année, ce qui représente 400 000 travaux, depuis un peu plus d'un siècle, en Amérique du Nord seulement. Elles suggèrent des pistes. Si vous trouvez peu de documentation sur votre sujet, il faut alors penser à ces chercheurs.

∇ *Par pays*

On peut consulter le *Guide to Theses and Dissertations: an International Bibliography of Bibliographies*, édité par Onyx Press et *Thèses de doctorat* concernant le Canada et les Canadiens, produit par la Bibliothèque nationale du Canada qui couvre de 1884 à 1983.

La Bibliothèque nationale du Canada produit chaque année sur microformes, depuis 1984, *Thèses canadiennes, Canadian Theses*, une liste des thèses du Canada sur tous les sujets acceptés par les universités canadiennes. Les thèses sont classées en 41 grandes divisions et, à l'intérieur de chacune, par ordre alphabétique d'universités, puis d'auteurs. La Bibliothèque conserve également les copies originales, fournit des services de consultation concernant les thèses et un service de microfiches pancanadien. Une thèse sur microformes ne coûte que quelques dollars.

Si c'est insuffisant, on peut écrémer la production américaine et européenne. Il suffit de consulter le *Comprehensive Dissertation Index* (CDI) (1861-1972), un index des thèses résumées dans *Dissertations Abstracts International* et *American Doctoral Dissertations.*

Le principal ouvrage qui répertorie et donne un résumé de 600 mots des thèses est le *Dissertation Abstracts International (DAI).* Ce répertoire recense en deux sections (A : Humanités et sciences sociales, B : Science et ingénierie) les thèses de doctorat soutenues dans plus de 400 institutions américaines et canadiennes. La compagnie University Microfilms International (1 800 343-5299) peut effectuer des recherches pour vous et peut également vous envoyer les thèses désirées, sur microformes, à un prix raisonnable.

En France, l'Association internationale des docteurs en lettres de l'Université de Paris publie *Bibliographie analytique des thèses* (1899-1965), une liste complète des thèses ès lettres d'universités soutenues en France de 1899 à 1974. En Grande-Bretagne, il existe l'*Index to Theses Accepted for Higher Degrees in the Universities of Great Britain and Ireland* qui est publié annuellement depuis 1950.

∇ Par universités

En plus de cette manne documentaire, des universités font également une recension annuelle des thèses qui ont été déposées et parfois de projets de thèses en cours. C'est le cas notamment de la plupart des universités québécoises et canadiennes : Laval, Montréal, McGill, Université du Québec, Ottawa, London, Toronto, Calgary, Alberta, etc.

❑ 5. LES EXPERTS

Trouver et utiliser des sources intéressantes, écrites ou non, est la première étape vers l'information. Mais les encyclopédies ont quelques années de retard sur les événements ; pour les livres, c'est au moins une année tandis que les revues ont quelques semaines de retard. Il peut donc arriver que l'information trouvée soit dépassée ou, tout au moins, requière une mise à jour. Pour ce faire, il faut interroger les experts qui, eux, se tiennent constamment à jour. Vous vous posez des questions ? Ces questions, quelqu'un, quelque part, y a déjà répondu.

La dernière étape consiste alors à localiser ou à repérer les experts et à les consulter. Les experts sont partout. Certains, comme le toxicologue québécois Albert Nantel, sont célèbres, mais la majorité ne le sont pas nécessairement. Un expert est tout simplement quelqu'un qui connaît un sujet à fond, parce qu'il s'y intéresse et qu'il y a souvent consacré une grande partie de sa vie. Entre autres, les experts connaissent les meilleurs documents sur un sujet. Si vous semblez bien préparé, un expert acceptera sûrement de vous aider dans votre recherche ; ainsi, il n'aura pas l'impression que vous lui refilez votre problème. Soyez précis : une question vague donnera une réponse vague.

○ **Le personnel de référence en documentation**[1]

La meilleure source d'information demeure le personnel de référence des centres documentaires. Répondre à toutes sortes de questions fait partie de son travail quotidien ; il peut également suggérer des titres d'ouvrages de référence à consulter, expliquer leur utilisation, être un soutien pertinent à toute recherche. Quelle que soit la question qui vous vienne à l'esprit, posez-la au personnel de référence : il l'aura peut-être déjà entendue. Ce qui ne veut pas dire qu'il va faire le travail à votre place. Dans les bibliothèques publiques, il est à la disposition de tous : il n'a donc pas que vous à servir. Ailleurs, il sert des étudiants ou une clientèle particulière.

Dans les grandes bibliothèques, les bibliothécaires sont spécialisés dans un domaine : histoire, littérature, etc. Ainsi, la bibliothèque de l'Université Concordia a des bibliothécaires spécialisés dans des domaines tels que les communications, l'histoire, le matériel non imprimé ou le cinéma. En plus de savoir où sont les documents, les bibliothécaires sont des experts pour suggérer des pistes. Ils connaissent à fond « leurs » collections et sauront utiliser leurs connaissances pour vous aider dans votre recherche.

Selon le personnel de référence, l'erreur la plus fréquemment commise est de ne pas oser leur demander ce que l'on cherche. En fait, la plupart des gens demandent ce qu'ils croient que le centre documentaire possède. Or, le personnel doit savoir précisément ce que vous cherchez. Si vous dites : « Je voudrais des livres sur l'Allemagne hitlérienne », le personnel de référence vous indiquera des tonnes de livres alors que, si votre vraie question est : « Qui était Göring ? ou Heydrich ? », il va vous référer directement au *Who's Who in Nazi Germany*. Demandez-lui s'il y a un livre de référence de base qui couvre le secteur dans lequel vous cherchez de l'information. Les questions doivent être aussi précises que possible.

○ **Les libraires**

Les libraires aussi peuvent répondre à toutes sortes de questions. Ils connaissent bien les documents qu'ils vendent et savent comment s'en procurer d'autres parce qu'ils possèdent les outils bibliographiques appropriés. Il faut s'informer non seulement dans les librairies générales mais aussi dans les librairies spécialisées.

---

1. Bibliothécaires, techniciens en documentation, spécialistes en moyens techniques d'enseignement, archivistes, etc.

À Montréal, on trouve des librairies spécialisées dans des domaines qui vont des livres rares et précieux jusqu'aux livres d'ésotérisme, en passant par *Superman* et le *Guide des Seychelles*. Vous cherchez quelqu'un qui « revient d'un voyage astral » ? de Ouagadougou ? Pour la première question, vous trouverez facilement une réponse dans une librairie versée en sciences occultes. Pour la seconde, la piste que vous devrez suivre vous conduira infailliblement à la librairie Ulysse qui ne vend que des livres de voyage. Qui, mieux qu'un employé de Comic Book Store, peut vous présenter la personne clé pour comprendre les effets pernicieux de la kryptonite rouge sur Superman ? Les amateurs – et les professionnels – du New Age peuvent déjà, dans cette vie-ci, questionner les libraires de Métamorphoses ou de la librairie Ésotérique et trouver tout ce qui concerne leur vie actuelle ou antérieure.

➤ **Truc**

• Les pages jaunes des annuaires téléphoniques de différentes villes vous permettront de repérer un vaste choix de librairies générales et celles qui offrent une spécialité : administration, religion, théâtre, livre allemand, sports, etc.

◯ Les associations

Vous aimez les tortues, craignez les ratons-laveurs et ne savez que faire des écureuils ? *Animal Organizations and Services Directory* recense des centaines d'associations qui se préoccupent du bien-être et de la protection des animaux. Vous y trouverez une liste de cliniques spécialisées, de clubs, de magazines, etc. Vous ne croyez pas en la réincarnation – du moins dans cette vie ? L'Association des sceptiques du Québec est un organisme qui vous convient. Les athlètes vous fascinent ? D'Ottawa, l'Athlete Information Bureau pourra répondre à vos questions et vous envoyer sa revue *Champion*.

Les associations sont les meilleures pouponnières d'experts. Elles ont pour buts d'informer et d'aider leurs membres, de leur fournir des services, de défendre une cause, de faire des recherches, de diffuser de l'information auprès du public, etc. Des milliers d'associations regroupent des personnes intéressées par les mêmes sujets : Association des banquiers canadiens, Assemblée des évêques du Québec, Association des constructeurs de routes et de grands travaux, Association des femmes autochtones du Québec, Association canadienne des libertés civiles, etc.

Tous les groupes de professionnels ont une association qui, souvent, publie un répertoire d'adresses de leurs membres en règle avec, parfois, des renseignements complémentaires sur leurs directeurs, leur personnel, leurs publications, leurs réunions annuelles, etc. Ainsi, l'Association of Consulting Engineers of Canada donne non seulement la liste de ses membres, mais aussi leur domaine d'expertise. En fait, la variété des associations est incroyable et on peut donner comme règle générale que, quel que soit votre sujet, des fils barbelés aux jurons, une association s'est formée dans le seul but de s'y consacrer.

La plupart des organisations fournissent de l'information sur elles-mêmes par des brochures, des magazines ou des bulletins de liaison. Elles mettent aussi à la disposition du public des statistiques, des rapports et des études. La plupart publient un bulletin ou une revue à l'intention de leurs membres. Ainsi, l'Association des entrepreneurs en construction du Québec publie *Chantiers* et l'Association canadienne pour la santé, l'éducation physique et la récréation, la *Revue de l'ACSEPR*.

Le Québec à votre portée est un répertoire descriptif d'associations. On y répertorie 600 sources d'information : associations, regroupements, organismes, ministères et agences gouvernementales, établissements d'enseignement et publications spécialisées. On y trouve des références comme *Le répertoire des associations patronales québécoises, Le répertoire de la vie française en Amérique, Le répertoire des organismes des communautés culturelles, Le répertoire environnemental, L'annuaire des arts,* qui répertorie les associations artistiques et culturelles canadiennes, *L'Association Wallonie-Québec, Le Conseil canadien de l'artisanat, L'Alliance autochtone, L'Association canadienne du mime,* etc. Le répertoire comprend un index par sujets, par pays et par régions.

Pour trouver des experts canadiens, on consultera le *Répertoire des associations du Canada* (Toronto : Micromedia) qui donne la liste de 18 000 associations internationales, nationales, interprovinciales et provinciales en les répertoriant sous une ou plusieurs rubriques. L'accent est mis sur les associations à but non lucratif et non gouvernementales qui s'occupent de questions d'actualité telles que l'avortement, le libre-échange, le multiculturalisme, les disparitions d'enfants, les banques de produits alimentaires, etc.

Pour l'Amérique du Nord et le reste de la planète, le meilleur livre de référence est, depuis plus de 25 ans, l'*Encyclopedia of Associations, International Organizations*. On y décrit plus de 20 000 associations américaines regroupées par sujets. On indique si l'association possède un centre de documentation. On répertorie également les associations pour les autres pays, les organisations internationales et les différents programmes de recherche et de financement.

L'*American Society of Association Executives* peut également vous aider à localiser la bonne association. Le *Yearbook of International Organizations*, publié pour l'Union des associations internationales, recense près de 25 000 organismes internationaux. Il comprend également un index géographique et un index par sujets.

Si une association ou une institution a édité une publication dont vous avez oublié le titre, la maison d'édition Bowker publie *Associations' Publications in Print* pour résoudre ce problème. C'est une bibliographie recensant les revues, les journaux, les bulletins, les brochures, les livres et le matériel audiovisuel d'environ 3 500 associations ; elle comprend également des index de titres, d'associations, de sigles, d'éditeurs, etc.

The Talk Show Guest Directory est utilisé par la télévision américaine pour trouver des spécialistes sur tous les sujets, de l'éducation des adultes aux jardins zoologiques. Ce répertoire donne le nom des organisations, des compagnies, des écoles ou d'autres organismes qui ont accepté d'être contactés comme source d'information. Par exemple, si vous cherchez à « Antisémites », on vous réfère au Centre Simon Wiesenthal et à la personne désignée pour parler de ce sujet.

❍ Les services de relations publiques

La meilleure façon de prendre contact avec tout organisme est souvent de passer par son service des relations publiques. Presque toutes les organisations, même celles de moindre importance, sont dotées d'un tel service. Leur personnel, toujours compétent et serviable, a pour fonction d'informer le public sur leur entreprise et leur domaine d'activité. Il ne faut pas négliger les relationnistes. Dans nos sociétés de plus en plus complexes, où le jargon règne en maître, les spécialistes de l'information (dont les relationnistes) sont devenus les liens essentiels entre le public et un très grand nombre de sources spécialisées. À moins d'être né à Disneyland, on apprendra sans surprise que les relationnistes sont payés pour présenter leur entreprise sous un jour favorable. C'est vrai pour l'Alcan, et aussi pour la CSN. Cependant, l'information de base que les relationnistes transmettent reste fiable. De toute façon, aucune recherche ne doit s'appuyer sur une seule source, et toute information doit être vérifiée.

❍ Les auteurs et les journalistes

Pour rejoindre un auteur, il faut, en général, lui écrire par l'entremise de son éditeur. Pour des raisons évidentes, un éditeur ne vous donnera ni l'adresse ni le numéro de téléphone d'un auteur, mais il lui transmettra votre lettre. Un éditeur conserve toujours les coordonnées de ses auteurs, ne serait-ce que pour payer les droits. Si l'éditeur est difficile à retracer, soit parce que son adresse n'est pas indiquée dans le document que vous consultez soit parce qu'il a déménagé, consultez un répertoire d'adresses d'éditeurs.

Pratiquement tous les périodiques citent des experts et font ainsi une partie de votre travail de recherche en les identifiant. Habituellement, la revue donne le nom de l'expert et l'endroit où il travaille. Si la consultation de l'annuaire téléphonique ne permet pas de les retrouver, il faut alors contacter le journaliste qui a écrit l'article en s'adressant au journal ou à la revue en question. En général, les responsables d'édition qui, au Québec, sont souvent les seuls employés permanents des revues, suivent de près leur secteur. Le rédacteur en chef de *Québec Science* connaît les centres de recherche du Québec ; celui de *La Terre de chez nous* connaît les fermes laitières.

Cela est particulièrement vrai pour les revues professionnelles spécialisées, destinées à une industrie donnée. Ces revues s'adressent soit aux manufacturiers, soit aux détaillants. Par l'intermédiaire de ces revues, on peut rejoindre des petites organisations qui ne font pas souvent les manchettes.

Les journalistes de la presse hebdomadaire locale connaissent leur région à fond et possèdent des renseignements pertinents et judicieux.

Le Secrétariat permanent des peuples francophones a publié le *Répertoire des journaux, bulletins et revues édités en français en Amérique du Nord à l'extérieur du Québec* (provinces canadiennes, Louisiane, Californie, etc.). Les journalistes de ces publications sont francophones et connaissent leur région. *Le Soleil de la Floride*, par exemple, établi depuis des années, peut répondre à presque toutes vos questions sur cet État.

Souvent, une compagnie publie une revue pour son personnel et une autre pour le monde extérieur. Ainsi, Hydro-Québec publie *Forces* pour le public international en général, *Hydro-Presse* pour son personnel et *Courants* pour les cadres et les spécialistes. Il y a presque autant de revues internes qu'il y a de compagnies. Un répertoire de ces publications, le *Gebbie House Magazine Directory*, est publié deux fois par année.

Pour trouver une information ou rejoindre ceux qui la détiennent, on peut aussi contacter des associations de journalistes spécialisés comme l'Association canadienne des rédacteurs agricoles, l'Association des communicateurs scientifiques du Québec, le Centre pour le journalisme d'enquête, la Society of American Travel Writers, l'Association des journalistes de la presse spécialisée, l'Association canadienne des périodiques catholiques, etc.

Médias du Québec, un répertoire de la presse écrite et électronique, préparé par le ministère des Communications du Québec, contient les données nécessaires pour rejoindre les personnes clés à la rédaction des quotidiens et des hebdomadaires, ainsi que les responsables des services de nouvelles et de programmation des médias électroniques. Un chapitre est consacré aux revues et aux journaux spécialisés.

Argus promotionnel recense 865 quotidiens, stations de télévision et de radio, hebdos régionaux, câblodistributeurs, médias communautaires et étudiants, agences de presse. En tout, plus de 5 500 personnes-ressources.

Argus sectoriel décrit 500 revues de consommation, publications professionnelles, avec leurs tarifs publicitaires et leurs tirages. Plus de 1 500 personnes-ressources.

Argus ethnique répertorie plus de 475 médias, associations, clubs sociaux, écoles, églises, congrégations religieuses, consulats étrangers au Québec, etc.

Pour la France, on consultera l'*Annuaire de la presse et de l'actualité*, publié par la société d'édition de l'Annuaire de la presse.

Le *Gale Directory of Publications* répertorie pratiquement tous les journaux de l'Amérique du Nord. On y trouve une liste des noms et des numéros de téléphone des chroniqueurs les plus populaires (art, automobiles, mode, films, immobilier, société, sports, condition féminine) dont les articles paraissent dans des journaux qui ont un tirage de plus de 5 000 exemplaires.

➤ Trucs

- Quand vous consultez un document, remarquez quelles personnes l'auteur remercie. Outre ses amis et ses parents, l'auteur a souvent lui-même consulté des experts qui sont faciles à repérer par la suite.

- Pour plus d'information sur les journalistes et les médias, on peut communiquer avec la Fédération professionnelle des journalistes du Québec qui regroupe un millier de journalistes, 1278, rue Panet, Montréal, Québec H2L 2Y8 ; (514) 522-6142.

- On peut contacter des journalistes d'enquête américains et la liste de leurs dossiers en s'adressant à : *Investigative Reporters & Editors*, P.O. Box 838, 100 Neff Hall, University of Missouri, Columbia, MO 65205 ; (314) 882-2042.

- Dans le milieu des journalistes indépendants de l'Amérique du Nord, une dizaine de personnes répandent la terreur. Ce sont les vérificateurs de faits du *National Geographic Magazine* et du *Sélection du Reader's Digest*. Ces deux revues sont trop souvent négligées pour les recherches. On peut discuter de l'orientation, du choix des articles de ces revues mais, pour ce qui est des faits, ils sont sans faille. Elles ont publié des quantités d'articles sur tous les sujets, et à la portée de tout le monde. Le *National Geographic* et le *Sélection* font comprendre en quelques paragraphes les quasars, Beethoven, le Talmud, les déchets toxiques, etc. (Vérifiez le *National Geographic Index*, 1888-1988, avant de faire une recherche.)

* Minority Rights Group est un groupe de recherche international qui fait des études objectives sur différentes minorités de la planète. Les membres sont la plupart du temps des journalistes chevronnés qui font des synthèses d'une cinquantaine de pages. Avant de traiter des Palestiniens, des Indiens, des Basques, des Tamouls, des Intouchables, etc., la lecture de ces publications vous fera gagner un temps précieux.Vous pouvez les obtenir pour quelques dollars. On peut commander le catalogue en s'adressant à : Minority Rights Group, Benjamin Franklin House, 36 Craven Street, London WC2N 5NG.

❍ Les chercheurs et les universitaires

Les chercheurs des secteurs privé ou public sont constamment à la recherche de nouveaux produits, de nouvelles techniques, de nouvelles méthodes. Pourquoi ne pas les consulter à leur centre de recherche ou dans le laboratoire où ils travaillent ?

Les universitaires ne sont pas tous enfermés dans une tour d'ivoire ; plusieurs en descendent volontiers. La plupart des universités publient une liste de leurs experts qu'on peut consulter. McMaster University a publié *Media File*, une liste des membres de l'université qui acceptent d'être contactés par des écrivains, des journalistes et des éditeurs soit pour des commentaires d'experts, soit pour des articles sur leurs recherches.

La majorité des collèges et des universités ont un service de relations publiques. Vous appelez et on vous indique la bonne personne. Ou vous vous procurez l'annuaire des cours et vous l'examinez jusqu'à ce que vous trouviez un cours donné sur votre sujet. Ensuite, vous appelez le professeur.

La liste des cours des universités ou des cégeps vous amènera sans difficulté aux professeurs spécialisés dans tel domaine. De plus, il existe des listes par thèmes. Ainsi, l'Association canadienne des études nordiques distribue une liste des spécialistes du Nord dans les universités canadiennes. C'est une ressource à jour et utile pour les personnes qui font une recherche sur le Nord et son milieu.

Enfin, il faut penser aux divers regroupements de professeurs. La Société des professeurs d'histoire du Québec, celle des professeurs de géographie, etc. ont souvent une publication et toujours une liste d'experts.

La revue *Interface*, de l'Association canadienne-française pour l'avan-cement des sciences (ACFAS), publie chaque été *Le Bottin de la recherche* qui répertorie 900 organismes canadiens et québécois de recherche et plus de 10 000 scientifiques de 420 disciplines. On y trouve un index des abré-viations (par exemple : PRAUS : Programme de recherche sur l'amiante de l'Université de Sherbrooke ; CQRS : Centre québécois de la recherche sociale, etc.), des organismes de recherche, des organismes subvention-naires, des universités, etc. Ce guide est fort utile : on y découvre un grand nombre d'organismes souvent peu connus.

Si l'on a besoin de rejoindre un expert du très vaste réservoir de pro-fesseurs de l'Amérique du Nord, il faut fouiller dans les volumes du *Directory of American Scholars*, un répertoire d'environ 25 000 professeurs de collèges et d'universités. On y tient compte également des professionnels non enseignants qui ont contribué à la recherche en éditant, écrivant ou autrement. Le titre est un peu trompeur parce que ce livre de référence ne comprend pas les professeurs de science et des beaux-arts. On peut consulter également le *Directory of American Research and Technology* qui inventorie près de 12 000 établissements commerciaux et scolaires.

Pour une liste complète, il faut consulter *The National Faculty Directory* qui établit la liste, par ordre alphabétique, de plus de 660 000 professeurs dans plus de 3 200 universités et collèges des États-Unis et quelque 120 ins-titutions canadiennes. Cette publication ne propose cependant pas de profils. L'information présentée est établie à partir des listes de cours, des catalogues de collèges et des questionnaires adressés aux experts répertoriés. On limite visiblement l'inclusion dans le répertoire à ceux qui enseignent.

Depuis 1988, un nouvel ouvrage est venu compléter ce répertoire : *The Faculty Directory of Higher Education*. C'est un ouvrage en plusieurs volumes qui dénombre 623 000 universitaires dans plus de 3 100 univer-sités et collèges américains et 220 canadiens.

Une autre façon de rejoindre les experts est d'utiliser le *Current Contents Index*. Chaque semaine, le *Current Contents* indexe les périodiques spécialisés en sciences, en sciences sociales et en arts et humanités, à partir de leurs tables de matières. Plus de 4 000 périodiques et un certain nombre de livres sont ainsi traités dans les sept éditions du *Current Contents*. Pour rejoindre les auteurs mentionnés, il suffit de consulter *The Current Contents Address Directory*. Une liste alphabétique d'auteurs, une liste par organi-sations et un index géographique des établissements facilitent le repérage.

Pour le reste du monde, *World of Learning* donne, pour chaque pays, les sociétés savantes, les bibliothèques, les musées, les universités et les centres de recherche. Dans la plupart des cas, les facultés et les responsables sont identifiés. Le répertoire comprend une section internationale sur des organisations mondiales comme l'Unesco. Par ailleurs, The U.S. National Academy of Sciences publie *Scientific and Technical Societies of the United States and Canada.* En France, *Index Generalis* répertorie l'information sur les universités, les archives, les bibliothèques, les instituts scientifiques, les musées, les observatoires, etc.

On peut consulter également *Lesko's New Tech Sourcebook*, qui publie une liste d'experts dans les domaines de la technologie de pointe et *Dial an Expert,* qui répertorie les adresses et les numéros de téléphone de spécialistes dans les secteurs liés à la consommation.

Beaucoup d'experts se déplacent constamment d'un pays à l'autre pour participer à des conférences, donner des séminaires, etc. Il se peut donc qu'au cours d'une année le spécialiste que vous avez besoin de consulter passe par Montréal ou Québec.

❍   Les congrès et les sessions de formation

Chaque année, des centaines de congrès se tiennent dans certaines villes de la province. Les participants viennent de partout dans le monde. Ces congrès sont souvent la seule occasion de rencontrer (à peu de frais) des experts venus de tous les coins de la planète.

Ainsi, le 69ᵉ congrès annuel de l'Institut agricole du Canada a regroupé, à l'Université McGill, les membres d'une dizaine de sociétés savantes, dont la Canadian Pest Management Society, la Société canadienne des sciences horticoles, la Canadian Phytopathological Society, etc. Le thème de ce congrès était : « Le commerce et le développement international », d'où des conférences intéressantes comme «Nouvelles tendances du commerce agricole mondial», «L'agronome et le système professionnel québécois», et des conférences plus spécialisées comme «L'influence du niveau d'éclairement énergétique sur la croissance», «Le développement et la floraison du géranium». Les invités venaient de partout : Ontario, Québec, Californie, États-Unis, Pays-Bas, Brésil, etc.

En plus des présentations techniques par des experts, des exposants présentent souvent le dernier cri d'un secteur. Les congrès sont de bonnes sources d'information sur les sujets qui évoluent rapidement, les technologies en informatique, par exemple.

Si un congrès vous intéresse, demandez le programme préliminaire. Il décrit les séminaires ou les conférences qui auront lieu avec le nom des participants. On y indique généralement la personne-ressource à contacter, laquelle, à son tour, peut vous obtenir un rendez-vous avec l'un des congressistes. Ainsi, dans le cas du congrès de l'Institut agricole, une brochure d'une centaine de pages détaillait chaque conférence, avec une liste de sociétés scientifiques, leurs responsables et leurs coordonnées.

Seminars Directory (Gale) est un guide annuel d'environ 10 000 séminaires, ateliers de travail et sessions de formation qui se tiennent aux États-Unis ou au Canada. Chaque notice indique le titre du séminaire, les coordonnées pour rejoindre les organisateurs, la description des sujets, la durée, le coût, etc.

Directory of Conventions répertorie 18 000 congrès se déroulant aux États-Unis avec les adresses des responsables. Il comprend les congrès commerciaux et professionnels, les expositions, etc., un index par lieux géographiques, puis par dates et par catégories de conventions.

L'*Association Meeting Directory*, publié annuellement, fournit de l'information sur les réunions d'associations et les congrès. Il s'adresse aux compagnies spécialisées dans l'organisation de congrès et répertorie les rencontres de 6 000 associations. On y trouve les dates des congrès (jusqu'à cinq ans à l'avance), les personnes à contacter, le lieu, le nombre de personnes attendues, etc.

➤ Trucs

• Les périodiques spécialisés annoncent généralement les activités et les événements à venir dans leurs secteurs.

• On peut obtenir la liste des congrès à venir en s'adressant à :

L'Office des congrès et du tourisme du Grand Montréal, 1010, rue Sainte-Catherine Ouest, bureau 410, Montréal (Québec) H3B 1G2. Téléphone : (514) 871-1129 ou à :

L'Office du tourisme et des congrès de la Communauté urbaine de Québec, 60, rue d'Auteuil, Québec (Québec) G1R 4C4. Téléphone : (418) 692-2503.

Par ailleurs, les Éditions Info Presse ont publié le *Guide annuel 1991-1992 salons, expositions, congrès* couvrant tout le Québec.

Si vous ne pouvez assister à un congrès, tout n'est pas perdu. L'*Index to Social Sciences and Humanities Proceedings* (1979-) dépouille les travaux des colloques, conférences, symposiums, congrès en sciences sociales et humaines : sociologie, psychologie, histoire, science politique, économique, éducation, droit. Cet outil indispensable répertorie les communications présentées lors des colloques d'un grand nombre de pays. Ces textes peuvent se retrouver dans des livres, des rapports, des éditions préliminaires ou des articles de périodiques. Vous pouvez obtenir les programmes des congrès antérieurs. Quelquefois, vous pouvez aussi vous procurer les enregistrements des conférences. De plus, cette publication trimestrielle comprend plusieurs index.

Son frère jumeau est l'*Index to Scientific and Technical Proceedings* (1978-   ).

Une autre bonne source est le *Bibliographic Guide to Conference Publications* (1974-   ), de G.K. Hall. Pour les années qui précèdent 1974, on doit consulter le *Directory of Published Proceedings* (1965-   ) et *Proceedings in Print* (1964-   ).

⭕ Les ambassades et les consulats

Les ambassades, qui représentent leur gouvernement dans un pays donné, sont toujours situées dans une capitale, donc à Ottawa en ce qui nous concerne.

Elles donnent volontiers des renseignements sur leur système politique, leur économie et sur toute autre information concernant leur pays : arts, édu-cation, industrie, tourisme, etc.

Les consulats, dont la vocation est surtout commerciale, peuvent être établis dans n'importe quelle ville d'importance. Certains sont de véritables petites ambassades, offrant documentation et livres de référence ; d'autres n'ont qu'un consul, souvent honoraire. Mais tous sont en contact avec leur pays et savent sinon trouver une information, du moins à qui poser la question.

À Montréal, on compte 54 consulats officiels auxquels s'ajoutent quel-ques consulats non reconnus comme celui de l'OLP, de l'African National Congress, etc. À Québec, on en retrouve sept : Danemark, États-Unis, France, Norvège, Pays-Bas, Suisse et Italie.

Ces représentants des pays étrangers sont généralement ouverts aux demandes d'information, de préférence par écrit. Il suffit de s'adresser à leur service de relations publiques. Il faut être patient : la réponse peut tarder à venir, surtout si le personnel doit consulter son pays pour vous satisfaire.

Les services offerts varient selon le pays. Souvent, il existe une liste de films ou de documents vidéo. Il est également possible que l'ambassade vous inscrive sur la liste d'envoi du bulletin ou de la revue qu'elle publie pour les étrangers. Par exemple, l'ambassade de la République fédérale allemande peut vous inscrire sur la liste d'envoi de *Scala*, une excellente et agréable revue présentant des reportages variés sur l'Allemagne avec un clin d'œil économique sur l'exportation. On peut aussi recevoir *La tribune d'Allemagne*, une revue de la presse ouest-allemande. La Suède, la France, le

Danemark disposent de catalogues de films et de vidéocassettes sur leur pays, qu'elles acceptent de prêter à certaines conditions. Les responsables commerciaux du consulat ou de l'ambassade peuvent aussi fournir la liste et les adresses des grossistes et des manufacturiers de leur pays.

Les consulats peuvent vous diriger vers des centres de recherche locaux de leur pays ou des personnes-ressources. Par exemple, le consulat allemand vous fera connaître le Cercle Goethe, le consulat russe vous mettra en contact avec le Cercle Pouchkine. On fournit également volontiers de la documentation touristique ainsi que les coordonnées des bureaux de tourisme locaux.

À l'inverse, les Canadiens travaillant dans d'autres pays peuvent également vous fournir de l'information que vous ne pouvez trouver ailleurs. Le ministère des Affaires extérieures du Canada publie *Représentants du Canada à l'étranger*, qui dresse la liste complète des ambassades, hauts-commissariats, consulats, bureaux et agents du Canada à l'étranger. Le même ministère publie également *Représentations diplomatiques consulaires et autres au Canada*, une publication semestrielle contenant la liste des missions étrangères au Canada et leur adresse.

Pour sa part, le ministère des Relations internationales du Québec publie *Représentations de gouvernements étrangers et organisations internationales*, la liste des missions diplomatiques, postes consulaires et bureaux de gouvernements étrangers établis au Québec ou y exerçant leurs fonctions. L'ouvrage contient aussi une liste des délégations de l'Organisation de l'aviation civile internationale, des membres du Conseil des ministres, des représentations du Québec à l'extérieur, etc. Le Ministère publie aussi le *Répertoire des intervenants internationaux du Québec*, une liste de 535 organismes publics et privés dont la principale place d'affaires est située au Québec et qui travaillent régulièrement avec un partenaire provenant d'un pays autre que le Canada. Pour chaque organisme, une fiche descriptive renseigne sur l'adresse, les numéros de téléphone, de télex, de télécopieur, la langue utilisée, les objectifs, les services et produits offerts à l'étranger, les projets réalisés sur le plan international, la participation à des associations internationales, les publications, etc.

○ Les fondations

On peut trouver des experts parmi les auteurs subventionnés par différentes fondations à but non lucratif. Le *Canadian Directory to Foundations* liste 611 fondations décernant 11 000 bourses.

Le *Foundation Directory* est un guide qui aide à trouver la bonne fondation où demander une bourse. Cet ouvrage fait partie des nombreux guides publiés par le Foundation Center qui fournit de l'information sur 24 000 fondations actives. Le Centre publie une variété de répertoires utiles dont *The International Foundation Directory*, guide des activités et des administrations de fondations à but non lucratif dans 45 pays et dont les activités concernent la science, la médecine, la conservation, l'éducation, l'aide sociale, etc.

The Foundation Grants Index, compilé par le Foundation Center, John Clinton Editor, New York (1987), présente les fondations, ainsi que les travaux subventionnés. Il comprend une liste de sujets, un index géographique, etc., et donne la liste des récipiendaires de 40 000 bourses décernées par 450 fondations.

○ Les fonctionnaires

Les différents niveaux de gouvernement possèdent des trésors d'information, souvent méconnus, perdus dans les méandres d'une direction obscure ou d'une division ignorée.

Il est de première importance de savoir exactement ce que l'on veut. Vous gagnerez du temps si vous consultez les bureaux du gouvernement dans votre région ou si vous appelez les bureaux de votre député. Tous ont à portée de la main la dernière édition des bottins téléphoniques des gouvernements provincial et fédéral, et ils vous feront épargner ainsi de nombreux appels interurbains.

Lorsqu'un fonctionnaire invoque la confidentialité pour ne pas fournir un renseignement, il faut vous assurer qu'il peut agir ainsi en vous référant à la *Loi d'accès à l'information*. Le journaliste Réal Barnabé a publié *L'Accès à l'information*, un guide pratique d'une centaine de pages à l'intention des journalistes et autres utilisateurs.

De son côté, le ministère des Communications du Québec a fait paraître, en 1984, le *Guide administratif abrégé* concernant la consultation des documents des organismes publics et la protection des renseignements personnels. Pour sa part, la Commission d'accès à l'information produit chaque année le *Répertoire des responsables de l'accès aux documents des organismes publics et de la protection des renseignements personnels*. Diffusée dans toutes les régions du Québec, cette publication indique, pour chaque organisme public, le nom, le titre, l'adresse et le numéro de téléphone de la personne responsable de l'accès aux documents et de la protection des renseignements personnels.

○   **Les services de revue de presse et de recherche**

•   **Commander une revue de presse**

Il est difficile de parcourir toutes les publications dans un domaine. Si c'est nécessaire, on peut recourir aux services de revue de presse. Quelques compagnies privées comme Verbatim et Caisse-Chartier fournissent une collection de coupures de presse de journaux, de quotidiens ou d'hebdos. Elles peuvent aussi enregistrer des émissions de radio ou de télévision, en faire le résumé ou en fournir la transcription mot à mot. Cependant, il faut s'attendre à débourser entre 300 $ et 1 500 $ par mois, pour se prévaloir de ces services.

•   **Commander une recherche**

Vous n'avez peut-être pas le temps d'effectuer votre recherche vous-même ? Alors, il vaut peut-être la peine de payer quelqu'un pour la faire à votre place. Pour les entreprises et les gouvernements, il s'agit là d'une pratique courante ; pour certains auteurs aussi, notamment l'écrivain Alex Haley, qui a engagé un recherchiste pour écrire *Racines*.

Que peut faire un recherchiste indépendant pour vous ? Il peut effectuer toute la recherche bibliographique essentielle à votre sujet d'étude, dénicher des articles spécialisés sur un sujet précis, visiter des bureaux gouvernementaux ou des bibliothèques pour photocopier des documents qu'il est interdit d'emprunter. Le recherchiste a souvent établi des contacts et des relations qui lui ouvrent des portes qui vous resteraient farouchement fermées.

Le rôle du recherchiste peut aller plus loin, soit collaborer à la rédaction d'un document ou d'une brochure ou encore écrire des discours.

À Montréal, on retrouve, entre autres, dans cette catégorie, le Groupe Interview, 4877, avenue du Parc, Montréal (Québec) H2V 4E7. Téléphone : (514) 278-9133.

Literary Market Place donne une liste de compagnies qui font de la recherche, sous la vedette-matière « Research and Information Services », mais on y trouve aussi une liste de personnes qui font de la recherche sous la vedette-matière « Freelance Editorial Work » ou « Consulting and Editorial Services ».

La Corporation des bibliothécaires professionnels du Québec publie un répertoire des bibliothécaires-conseils du Québec. On y fournit le nom, l'adresse, les services offerts, les champs de spécialisation, l'expérience, etc. Pour l'obtenir, adressez-vous à la Corporation des bibliothécaires professionnels du Québec, 307, rue Sainte-Catherine Ouest, bureau 320, Montréal (Québec) H2X 2A3. Téléphone : (514) 845-3327.

Il existe un répertoire de bibliothécaires et d'autres spécialistes de la recherche publié par la Canadian Library Association : *Who Knows What : Canadian Library-Related Expertise*. On peut demander aux écoles de bibliothéconomie et des sciences de l'information ou aux départements des techniques de la documentation s'ils connaissent quelqu'un qui peut réaliser un contrat de recherche.

Sur demande, et dans de courts délais, la firme Services documentaires multimedia, nouveau nom de la Centrale des bibliothèques, peut produire des listes bibliographiques sur mesure, selon des critères variés de sélection (date ou lieu de publication, niveau d'âge, support, etc.), dont l'ampleur, l'organisation et le contenu sont adaptés aux besoins. Leur collection intitulée Diffusion sélecte de l'information comprend de nombreux titres en langue française sur une multitude de thèmes actuels et d'intérêt général : *La Chine, Les enfants surdoués, La peinture québécoise, Albert Einstein, Le chômage, Les OVNI et extra-terrestres, La contraception et la régulation des naissances, L'obésité*, etc.

○   Les entrevues avec les experts

Vous voulez interviewer un expert ? C'est certainement possible, si vous mettez toutes les chances de votre côté. Rappelez-vous qu'un expert, quel que soit son domaine, est une personne occupée. Ne lui faites pas perdre son temps.

On n'appelle pas un spécialiste pour lui demander des renseignements qu'on peut trouver facilement dans un ouvrage de référence ou dans un centre documentaire près de chez soi. Lisez sur le sujet de façon à en savoir le maximum avant de rencontrer l'expert. Faites vos devoirs. Ne contactez pas immédiatement LA sommité dans le domaine qui vous intéresse. Commencez par quelqu'un de moins spécialisé et habitué à vulgariser, un journaliste ou un professeur par exemple.

Avant de décrocher le téléphone, il faut définir pourquoi vous avez besoin d'une entrevue. Si vous ne le faites pas avant de commencer, vous allez vous retrouver avec une conversation, pas une entrevue. Avant même de réfléchir aux questions que l'on va poser à la personne à interviewer, il est nécessaire d'avoir soi-même répondu aux questions suivantes : Qui est la personne que l'on va interroger ? Que sait-on d'elle ? Pourquoi va-t-on l'interroger ? Que veut-on recueillir comme information ? Comment va-t-on s'y prendre pour conserver les informations qu'elle nous fournira (prise de notes ou magnétophone[2]).

On peut solliciter une entrevue par téléphone ou par écrit, mais il faut être précis. Dites ce que vous savez déjà, où en est l'état de votre recherche, pourquoi vous avez besoin d'information et de son aide.

Sachez comment demander de l'information. Si vous écrivez à une association, envoyez votre lettre au sommet de la hiérarchie. Elle sera ensuite acheminée vers le bas et recevra ainsi plus d'attention. C'est toujours une bonne idée d'inclure une enveloppe préadressée et timbrée. *Encyclopedia of Associations*, par exemple, le demande. La chose est plus compliquée lorsqu'il faut contacter des associations américaines.

Donnez le choix au spécialiste consulté de répondre par lettre ou par téléphone. Il n'a peut-être pas le goût d'écrire une dizaine de pages sur les 8 000 Irlandais enterrés à la Grosse-Île, l'avenir de la souffleuse à neige ou le réchauffement du climat, mais – surtout s'il n'a pas besoin de chercher votre numéro de téléphone – il vous donnera facilement un coup de fil. Il est préférable également de faire savoir à la personne à interviewer que vous avez une échéance à respecter.

Lorsque vous rencontrez votre expert, rappelez-vous que le but de votre rencontre est plus important pour vous que pour lui. Décidez ce que vous allez dire en commençant. Présentez-vous. Expliquez ce que vous faites. Décrivez votre travail, la date où vous devez le remettre. Dites comment l'information sera utilisée : pour un travail scolaire, un article, etc. Demandez si c'est le bon moment pour lui parler. Le premier appel peut ne servir qu'à fixer un autre rendez-vous plus approprié. Si l'expert vous dit non à cette étape, il ne reviendra pas sur sa décision.

Interviewer quelqu'un est un art qui s'apprend. Il n'y a pas de règles rigides et fixes. Votre personnalité et vos habiletés combinées vont vous conduire à une bonne entrevue. La seule façon de devenir un bon intervieweur est la pratique.

➤ Trucs

• Si l'on vous accorde une entrevue, soyez ponctuel. Écoutez les réponses et soyez sûr de les comprendre. Limitez vos commen-

---

2. Jacques Larue-Langlois, journaliste d'expérience et professeur, dans son *Manuel de journalisme radio-télé* (Montréal, A. Saint-Martin, 1989), consacre un chapitre à l'entrevue.

taires à un strict minimum. Terminez l'entrevue de façon amicale. Remerciez l'expert et faites-lui le résumé de l'entrevue.

- Posez les questions : Est-ce qu'il y a une question importante que j'aurais omis de vous poser ? À qui d'autre devrais-je parler ? Ce sont souvent les questions les plus utiles d'une entrevue. Demandez s'il a de la documentation écrite. Laissez votre numéro de téléphone, ce qui va lui faciliter la tâche s'il veut compléter l'information ou s'il a oublié de mentionner des points pertinents. Promettez de lui envoyer un exemplaire de ce que vous aurez fait ou de l'informer sur l'état de votre recherche.

- On peut aussi faire paraître une annonce dans un journal ou une revue pour obtenir plus d'information sur un sujet. Il faut savoir où passer son annonce : de préférence, dans des magazines spécialisés. Plus c'est facile d'entrer en contact avec vous, plus vous aurez de réponses. Toutes sortes de réponses. Si vous donnez votre numéro de téléphone et acceptez les frais d'interurbain, vous faciliterez la tâche aux personnes sérieuses.

❏ 6. LES AFFAIRES

Des études montrent amplement que la plupart des petites entreprises échouent dès la première année. La principale raison de cet échec réside dans la mauvaise gestion, ce qui revient à dire le manque d'information. Dans une société où l'information règne, personne ne peut se payer ce luxe. C'est particulièrement vrai pour les gens d'affaires. Ils doivent connaître les changements démographiques de tel ou tel groupe d'âge, des statistiques sur le nombre d'adolescents qui achètent des livres, les experts dans l'élevage du poulet, le coût des taxes de telle ou telle municipalité, le nombre de podiatres, les dates des congrès et leurs participants, etc. L'information leur permet d'affronter la concurrence et de réussir ; elle fait souvent la différence entre la réussite et l'échec.

Où trouver les derniers chiffres sur les importations d'automobiles ? une liste des dépôts de déchets toxiques ? Quel sera le marché de la vidéo dans cinq ans ? Qui est Conrad Black ? Que fait Sanivan ?

Les bibliothèques et les centres documentaires sont particulièrement utiles pour trouver de l'information financière. Des bibliothèques publiques, notamment celle de la ville de Québec (Gabrielle-Roy), ont une section pour les gens d'affaires. Certaines sont pour les profanes, d'autres, comme celle de l'École des hautes études commerciales (HEC) et du Centre de recherche industrielle du Québec (CRIQ), sont surtout destinées aux experts. Comme pour tous les autres domaines, on trouve des encyclopédies et des dictionnaires, des bibliographies et des index, des répertoires d'adresses et des magazines spécialisés. Presque chaque secteur des affaires a son propre manuel ou périodique qui conduit à des sources d'information encore plus détaillées.

○   **Les outils de référence**

▽   *Les dictionnaires terminologiques*

Le *McGraw-Hill Dictionary of Modern Economics* et le *Munn's Encyclopedia of Business and Finance* donnent aux chercheurs des définitions concises des termes d'affaires. On peut trouver des explications plus spécifiques dans des dictionnaires spécialisés comme le *Handbook of Modern Accounting*, le *Dictionary of Advertising Terms*, le *Dictionary of Insurance*, *Handbook of Marketing Research*, et le *Arnold Encyclopedia of Real Estate*, etc.

▽   *Pour des informations de base*

Pour le Canada, signalons *Sources of Information for Canadian Business* (1983), publié par la Chambre de commerce canadienne, le livre de Barbara Brown, *Économie et commerce au Canada : sources d'information* (1984) et le *Canadian Business Handbook* de Newman & Newman. La Commission des valeurs mobilières publie chaque semaine un bulletin sur ses principales activités. Le ministère de l'Industrie, du Commerce et de la Technologie possède des dossiers sur plusieurs secteurs économiques. La Bourse de Montréal, les bureaux de comptables, les revues spécialisées, les chambres de commerce, l'Office de planification et de développement du Québec (OPDQ) et l'Institut national de recherche scientifique (INRS) sont d'autres sources d'information importantes.

Si vous avez besoin d'un guide bibliographique détaillé sur une question, il en existe plusieurs. Le plus complet est *Business Information Sources* (1985), de Lorna Daniells, organisé en 20 chapitres sur de grands sujets financiers. Par exemple, au chapitre 6 « Industry Statistics », l'auteur donne des sources détaillées pour chaque industrie. C'est la bible du personnel de référence pour le secteur des affaires. Il y a des notes descriptives pour chaque élément de même qu'une évaluation comparative de sources concurrentes. *How to Use the Business Library with Sources of Information* fournit moins de listes exhaustives, mais donne des notes détaillées, des sources et des conseils sur la façon d'utiliser une bibliothèque spécialisée sur les affaires.

Handbook of Business Information de Diane Strauss s'adresse surtout aux libraires, aux étudiants et aux chercheurs. Ce manuel est divisé en deux parties. La première couvre huit catégories principales de sources de référence de base, gouvernementales, etc. La deuxième partie couvre neuf secteurs dont le crédit, la banque, l'immobilier, les actions, etc. On y trouve « Free Vertical

Files Materials for Business Collections » et «Ten Key Monthly Federal Periodicals and the Statistics They Contain», complété par un index élaboré.

The Directory of Directories, présenté à la page 72, est une source importante qui couvre tous les secteurs du domaine des affaires. Une liste d'organisations et d'experts variés, y compris les affaires, est publiée dans deux sources présentées au chapitre 5 à la page 114: *Consultants and Consulting Organizations Directory* et *Encyclopedia of Associations*. Pour repérer des centres de recherche peu connus ou difficiles à retracer, on consulte le *Research Centers Directory* (voir chapitre 2, p. 58). Le *National Directory of Addresses and Telephone Numbers* publie les numéros de téléphone difficiles à trouver tandis que *Electronic Yellow Pages* fournit de l'information sur les services d'affaires des compagnies. Pour avoir des renseignements sur des livres, on consulte *Business Books in Print* (Bowker).

Pour une localisation particulièrement rapide des principaux services financiers imprimés ou sur banque de données, on consulte le *Directory of Business and Financial Services* qui donne des renseignements brefs, de même que l'adresse et le prix de chaque service.

L'*Encyclopedia of Business Information Sources* (Gale) est présentée par sujets spécifiques: copropriétés, taxes de succession, télémarketing, etc., avec des sources pour chaque sujet. Il fournit une liste de sujets intéressants pour les gestionnaires avec une liste de livres de référence, de périodiques, d'organisations, de répertoires, de bibliographies, de bases de données et d'autres sources d'information. Il existe aussi un répertoire, *The International Directory of Business Information Sources & Services*, et un guide international *Where To Find Business Information* (Brownstone & Carruth), dédiés à ceux et celles qui cherchent des réponses à des questions commerciales.

○   **Les index des périodiques et des journaux d'affaires**

Le *Ulrich's International Periodicals Directory* (chapitre 4, p. 97) recense des milliers de périodiques par sujets, dont ceux qui concernent les affaires. L'*Index des affaires* (d'Inform II-Microfor), publié dix fois par année depuis 1988, avec refonte annuelle, dépouille la section économique de plusieurs quotidiens, de trois hebdos, de six mensuels et de trois trimestriels.

Le *Canadian Business Index* (Toronto, Micromedia) fait suite au *Canadian Business Periodicals Index* (CBI). C'est un mensuel avec refontes annuelles qui dépouille les 200 principales publications financières du

Canada. Il y a un index par sujets, par compagnies et par personnes. CBI est aussi offert sur banque de données.

Du côté américain, il y a un vaste choix. Le *Funk & Scott Index* (Predicasts) est le principal guide pour les articles publiés sur les industries et les entreprises. Il indexe les articles publiés dans des périodiques d'affaires, comme *Barron's*, et des publications industrielles plus spécialisées, comme *Iron Age*, etc. qui peuvent influencer le monde des affaires. Pour trouver une industrie en particulier, on se sert du code SIC (*Standard Industrial Classification*, méthode adoptée pour catégoriser les différents types d'industries par des numéros de référence assignés), donné au début du livre. On vérifie ensuite la section appropriée pour trouver les citations d'articles sur un sujet donné à l'intérieur de cette industrie. L'index permet également de chercher le nom d'une compagnie et de trouver les articles écrits à son sujet, avec un bref résumé. C'est un hebdo avec un compagnon mensuel, le *Funk & Scott Index International*.

Le *Business Periodicals Index* (Wilson) est un index cumulatif de 300 périodiques financiers tels le *Journal of Consumer Affairs*, *Human Resource Management*, etc. Les subdivisions comprennent la comptabilité, les annonces et les relations publiques, les banques, l'assurance, la technologie des ordinateurs et leurs applications, les relations industrielles, les pâtes et papiers, etc. Ce mensuel est le plus détaillé des index. Il inclut des articles sur tous les domaines généraux des finances. Le *Business Publications Index and Abstracts* (Gale), non seulement indexe tous les mois chaque article de 500 périodiques d'affaires, mais en fait le résumé, ce qui donne 36 000 notices par année. Il y a un classement par sujets et par auteurs. Il existe également en ligne et sur disque optique numérique.

Quelques quotidiens spécialisés dans le domaine des affaires possèdent aussi des index comme le *Wall Street Journal Index*. Ce dernier est mensuel et il inclut également les articles du journal *Barron's*. L'index se présente par sujets et par compagnies. C'est une excellente source, que ce soit pour chercher de l'information sur une compagnie, une industrie ou un domaine financier. Les articles du *Wall Street* ne sont pas trop techniques, tout en étant des articles de fond et n'ayant pas peur de soulever des questions. Chaque entrée s'accompagne d'un résumé de l'article.

Il existe beaucoup d'index financiers plus spécialisés. Ainsi, *Management Literature in Brief* dépouille les articles des plus importantes revues de management : *HBR*, *Management Review*, *Sloan Management Review*, etc. Les résumés sont rédigés par des étudiants diplômés. Le personnel de référence peut vous indiquer quels sont les index très spécialisés, ceux auxquels ils sont abonnés et, à défaut, quel centre documentaire les possède.

FIndex: *The Directory of Market Research Reports, Studies and Surveys* (Find/SVP) est un guide sur les recherches commerciales ou de marché qui ont été publiées et qui sont vendues commercialement. Les domaines couverts sont la chimie, la nourriture, les plastiques, le transport, les médias, la finance, etc.

Le *Directory of Survey Organizations* donne la liste de centaines d'organisations qui fournissent des services de recherche aux ministères fédéraux. Il est particulièrement utile pour faire une étude de marché.

○ Les banques de données spécialisées

Les changements rapides dans ce domaine nécessitent l'utilisation des banques de données si l'on veut être à jour dans l'actualité de l'information. Les principaux serveurs sont DIALOG, BRS, INC, CompuServ, Dow Jones News/Retrieval, Data Resources, Information Bank, etc. Tous ces vendeurs offrent d'excellentes bases de données commerciales interrogeables en ligne. Quelques-uns offrent des disques optiques numériques. On trouve de bonnes descriptions des banques de données, des services, des prix, etc., dans des guides bibliographiques récents comme le *Data Base Directory* ou le *Directory of Online Data Bases*. Le *Data Base Directory* identifie et décrit des bases de données que le public peut utiliser.

○ Les répertoires d'entreprises et de leurs dirigeants

Profils d'entreprises québécoises (Éditions biographiques canadiennes-françaises) se divise en deux parties. La première comprend des articles descriptifs sur des entreprises (historique, type d'activité, liste des cadres, marchés, etc.). La deuxième partie consiste en un profil des 500 entreprises les plus importantes au Québec tel qu'il est établi par le journal *Les Affaires*.

Les chefs de file des grandes entreprises au Québec (Wilson et Lafleur) fait le profil de quelque 300 hommes d'affaires québécois. On trouve un index par noms des personnes et un autre par compagnies.

The Blue Book of Canadian Business, publié à Toronto chaque année par le Canadian Newspaper Services International, contient 134 profils en profondeur des principales compagnies et de l'information brève sur 2 400 autres, de même que des biographies de leurs administrateurs. La qualité des profils d'entreprises y est insurpassée. On donne l'historique de la compagnie, on présente ses activités, sa philosophie de gestion et sa responsabilité sociale. Il y a un «Profile index» et un «Executive Biography Index».

Canadian Key Business Directory, publié chaque année par Dun & Bradstreet, présente le profil de 20 000 principales compagnies canadiennes. Il fournit les statistiques, le nombre d'employés et le nom d'un administrateur. Les compagnies sont également recensées par lieux géographiques et par produits.

The Financial Post publie annuellement des profils de certains secteurs : Financial Post Survey of Oils, Financial Post Survey of Energy Ressources, etc. Ce sont des ouvrages de référence très utilisés. Ils s'adressent aux personnes qui jouent à la bourse. Pour chaque compagnie, on donne le nom des administrateurs, les propriétaires, des données financières, etc.

Le *Survey of Predecessor and Defunct Companies* paraît depuis 1983 pour l'ensemble du Canada. Si on le compare aux autres répertoires, il a l'avantage de tracer un portrait évolutif de chaque entreprise. On y trouve des renseignements sur les fusions, les changements de noms et de directions, ainsi que sur les fermetures d'entreprises.

Depuis 1986, le *Guide to the Canadian Financial Services Industry* fournit 800 profils de sociétés de fiducie, banques, compagnies d'assurance, fonds mutuels, agences de crédit et conglomérats financiers, de même que le profil des principaux cadres supérieurs de ces compagnies.

Debrett's Illustrated Guide to Who's Who in Canadian Establishment fournit des informations biographiques variant de quelques lignes sur la formation et l'expérience d'un homme d'affaires local jusqu'au portrait exhaustif d'une figure nationale, en passant par tous les intermédiaires. Il existe également d'autres sources biographiques pour combler ces types de besoins. Depuis les années 70, le *Blue Book*, le *Who's Who in Canadian Finance*, le *Who's Who in Canadian Business* et le *Directory of Directors* (*Financial Post*) comblent ce vide.

Pour avoir des informations de base telles que l'adresse d'une compagnie américaine, ses ventes, le nombre de ses employés et le nom de ses administrateurs, on consulte d'abord *Dun & Bradstreet Million Dollar Directory* (D&B) qui couvre plus de 160 000 compagnies valant plus de 500 000 $US. Ce répertoire donne une liste des compagnies, des relations avec les succursales, leur adresse, leur numéro de téléphone, leurs administrateurs, le nombre d'employés, ses ventes annuelles. Il est utile pour obtenir de l'information sur les petites compagnies. Des index par lieux géographiques et par industries font de ce répertoire un outil particulièrement efficace pour couvrir un État ou une région moins étendue.

Le *Standard and Poor's Register*, en trois volumes, complète l'information non recensée dans *D&B*. Le volume 1, « Corporations », est une liste alphabétique d'environ 45 000 entreprises, avec adresse, numéro de téléphone, succursales, nombre d'employés, administrateurs et quelques données financières. Il fournit de l'information additionnelle sur les produits et les services offerts par les compagnies américaines et canadiennes alors que le volume 2, « Directors and Executives », est un bref répertoire biographique de leurs 72 000 directeurs, administrateurs et partenaires, en donnant date et lieu de naissance, études, associations professionnelles et adresse de résidence. Le volume 3 est un index.

Il ne faut pas oublier les rapports annuels publiés par les entreprises ou les institutions. Pour obtenir ces rapports annuels, il faut s'adresser à l'entreprise concernée. Les rapports annuels d'un certain nombre d'entreprises montréalaises sont aussi conservés à la bibliothèque de l'École des hautes études commerciales (HEC). Les centres de documentation du ministère de l'Industrie, du Commerce et de la Technologie, du CRIQ, de la Bibliothèque Gabrielle-Roy (Québec), etc. sont des sources aussi importantes dans ce domaine.

Pour de l'information brève sur les directeurs de compagnies, il faut consulter les répertoires décrits antérieurement. Marquis publie aussi *Who's Who in Finance and Industry* de même que *Who's Who in Advertising*, *International Businessman's Who's Who* et *International Who's Who*, qui fournit une bonne couverture internationale.

◯ Les manufacturiers : qui fabrique quoi ?

Le *Canadian Trade Index*, publié chaque année par l'Association des manufacturiers canadiens, se définit comme une liste complète de plus de 15 000 manufacturiers canadiens qui font plus qu'une distribution locale de leurs produits. On donne le nom du produit, sa marque commerciale, les usines, le siège social, les succursales, le nom des administrateurs, le nombre d'employés, etc.

Les répertoires *Scott's* sont des catalogues industriels et manufacturiers, une sorte de version industrielle des pages jaunes. Ils sont publiés pour des provinces entières ou des villes. Ils publient une liste complète de toutes les compagnies et industries d'une région ou d'une province. Les compagnies sont inventoriées par rues et par régions, avec un sommaire de leur structure. Où est le siège social ? Qui sont les principaux administrateurs ? Quel est le nombre d'employés ? Le *Scott's Répertoire des fabricants du Québec*, dans la section 1, présente les entreprises québécoises par ordre alphabétique de leurs raisons sociales. La section 2 – Profil des entreprises – fournit des renseignements détaillés sur les entreprises manufacturières : adresse, numéro de téléphone, nom des directeurs, nom du produit, nombre d'employés, date de fondation. La section 3 – Inscription par classification des produits avec leurs fabricants – développe un inventaire par sujets : salaisons, vêtements pour hommes, fonderies de cuivre, etc. La section 4 – Liste des commissariats industriels, cartes des régions du Québec – complète le répertoire. Toutefois, il n'inclut pas les entreprises du secteur tertiaire. Il n'est donc pas complet, d'autant plus qu'il est fait à partir de questionnaires envoyés aux compagnies, qui n'y répondent pas toujours.

Le *Répertoire des produits manufacturés au Québec*, publié par le Centre de recherche industrielle du Québec, recense les industries du secteur manufacturier, ce qui exclut les entreprises de services et celles du secteur primaire. Il reflète l'ensemble de la production manufacturière du Québec. La dernière édition regroupe environ 11 000 manufacturiers ct plus de 6 500 produits. La partie A est une nomenclature des produits regroupés selon leur matière première, leur utilisation ou le domaine d'activité auquel ils sont rattachés. La partie B est une liste alphabétique des produits, accompagnée du nom des manufacturiers qui les fabriquent. La partie C donne une liste alphabétique des manufacturiers, où nous avons pour chacun : adresse, numéro de téléphone, nom du directeur, nombre d'employés, marque de commerce et distributeur.

Vous cherchez qui fabrique des instruments chirurgicaux dans la région de Los Angeles ? Pour ce genre de renseignements, et pour une liste des marques de commerce, des manufacturiers, des produits et des catalogues, rien ne se compare au *Thomas Register of American manufacturers*. Avec le *Thomas*, on peut trouver une compagnie par produits (instruments chirurgicaux), par marques de commerce (Lucky Strike), par villes ou par États. Sa classification par États et par villes en fait un outil précieux pour couvrir un territoire particulier. Il indique qui fabrique tel produit et à quel endroit. Le *Thomas* donne en plus les noms, adresses, numéros de téléphone de 123 000 compagnies.

Le *Trade Names Directory* sert à identifier un manufacturier. On peut ensuite vérifier cette adresse dans un annuaire téléphonique récent de la ville où il est situé, puisqu'il n'est pas imprimé chaque année et que des adresses ne sont plus nécessairement à jour.

Pour des services plutôt que des produits, d'autres répertoires sont préférables, tels *Consultants and Consulting Organizations Directory* (Gale Research) ou le *D-U-N-S- Accounting Service,* le plus grand répertoire d'adresses de compagnies (publiques et privées) aux États-Unis.

Si vous avez besoin de connaître le nom des propriétaires ou les structures administratives des organisations, consultez le *Directory of Corporate Affiliations.*

➤ **Truc**

- Tous les centres de documentation spécialisés dans le secteur des affaires possèdent une collection impressionnante d'annuaires téléphoniques, particulièrement les pages jaunes. Ces répertoires d'adresses sont fort pratiques lorsqu'il faut localiser des entreprises et des organismes de ce secteur.

◯ Les chambres de commerce

Il y a quelque 225 chambres de commerce au Québec et près de 900 au Canada. De plus, des dizaines de chambres de commerce étrangères sont installées ici : la Chambre de commerce française au Canada, la Chambre de commerce canado-suisse, la Chambre de commerce Canada-Maroc, etc. Elles sont là pour promouvoir le commerce entre notre pays et le leur. Elles peuvent fournir des statistiques, des rapports économiques, des résultats de sondages, des données fiscales, des tarifs d'hôtel, etc.

Les bibliothèques locales ont souvent des exemplaires des répertoires et des publications de leur chambre de commerce locale.

On peut se procurer la liste des chambres de commerce à travers le monde en consultant le *World Wide Chamber of Commerce Directory*, Loveland, Colorado : Johnson Publishing (1965-   ), un répertoire annuel.

◯ Les ouvrages de référence de portée internationale

Le *U.N. Statistical Yearbook and Demographic Yearbook* est un annuaire qui contient des résumés de données mondiales, par pays, sur la population, l'économie, et plusieurs informations financières. La plupart de ces données se trouvent dans une version de poche intitulée *World Statistics in Brief*. *The Unesco Statistical Yearbook* couvre aussi le monde, mais se spécialise dans les données sur l'éducation, la culture, les communications de masse, etc. Les Nations Unies publient également une variété d'ouvrages statistiques sur des industries spécifiques et sur les principaux projets impliquant plusieurs nations. Plusieurs publications commerciales qui couvrent les statistiques financières internationales sont aussi très utiles. Euromonitor Publications publie deux annuaires spécialisés : *European Marketing Data and Statistics* et *International Marketing Data and Statistics* qui fournissent les données financières de base (emploi, population, ressources naturelles, prix, commerce) pour la plupart des pays du monde. *Worldcasts* (Predicasts), publié tous les trois mois, inclut des sections particulièrement valables de prévisions industrielles, et par produits au niveau mondial. *Business*

International Corp. (BI/DATA) ressemble à *Worldcasts*, mais inclut des données de 1960 à aujourd'hui.

Il existe quelques ouvrages de référence pour le commerce international. Le *Europa Yearbook*, présenté au chapitre 3, à la page 71, est une source majeure pour toutes les régions du monde avec un vaste choix de renseignements utiles pour comprendre le climat des affaires dans des régions et des pays particuliers. Deux publications avec le même titre cataloguent l'information générale : *International Relations Dictionary* (ABC Clio Press) et *International Relations Dictionary* (USGPO).

Dans *Schultz's Financial Tactics and Terms for the Sophisticated International Investor*, on trouve les définitions de termes spécifiques et généraux dans le domaine de l'investissement international. Price Waterhouse publie plusieurs brochures sous le titre général de *Information Guide for Doing Business in* « nom du pays ». Il décrit ainsi 60 pays, les organisations commerciales, les pratiques comptables, la fiscalité et d'autres principes fondamentaux dans le monde des affaires.

Export Canada Canex Enterprises est une liste complète des exportateurs canadiens et de leurs produits, avec un index des produits, des marques commerciales, des représentants étrangers, des compagnies.

Pour connaître qui fabrique quoi en dehors de l'Amérique, *Kelly's Manufacturers, Merchants Director* et *Bottin International : International Business Register* ont une liste analogue, mais pas aussi complète que celle de *Thomas* (voir chapitre 6, page 136) des manufacturiers internationaux et de leurs produits.

❑ 7. LES DOCUMENTS AUDIOVISUELS

Les documents audiovisuels, support documentaire important, sont souvent négligés par les usagers. De plus en plus, pour pallier ce problème et pour faciliter leur consultation, les centres documentaires intègrent ces documents avec la collection des livres, sauf les bibliothèques universitaires et certains gros centres qui préfèrent les conserver en collection séparée.

○ Les films et les vidéos

Le *Dictionnaire du cinéma québécois* (Fides) est un ouvrage de référence contenant les biographies de cinéastes et de comédiens, des filmographies, des articles-sondages, une chronologie des longs métrages et une bibliographie commentée. *The Film Companion*, de Peter Morris (Irwin Publications), le complète car, en plus de décrire le cinéma de langue française, il présente également le cinéma canadien de langue anglaise.

Le *Dictionnaire du cinéma*, sous la direction de Jean-Loup Passek (Larousse), est un dictionnaire encyclopédique rassemblant plus de 4 700 articles, lesquels étudient les aspects artistiques, historiques, techniques et économiques du cinéma, de ses origines à nos jours. On y trouve également des biographies et des filmographies détaillées des personnages reliés au monde du cinéma international.

▽ **Les répertoires du cinéma canadien**

Film Canadiana est une source précieuse de documentation sur le cinéma canadien de 1969 à 1980. L'Office national du film (ONF) a pris en charge l'édition de ce répertoire à partir de 1980. Depuis 1985, il a pris le titre de *Film-Vidéo Canadiana*. La plus récente édition a été publiée par l'ONF en collaboration avec la Bibliothèque nationale du Canada, les Archives nationales du Canada et la Cinémathèque québécoise. Ce catalogue contient des renseignements sur près de 3 000 films et vidéos canadiens et 3 500 maisons de production et de distribution canadiennes.

Pour ses propres productions, l'ONF publie depuis 1984 son *Catalogue de films et vidéos*. La base de données *Format* contient des renseignements sur environ 25 000 films, vidéos et productions multimédia canadiens. *Format* offre des catalogues imprimés en français et en anglais, des renseignements sur les réalisateurs, les producteurs, les titres, les sujets, la durée, etc. Le catalogue peut être consulté en accès direct. Pour plus de renseignements, communiquez au (514) 873-9427.

En 1991, l'ONF a publié *Le répertoire des films de l'ONF*. On y trouve plus de 7 800 films produits en français et en anglais par l'Office national du film du Canada durant ses 50 premières années. Ce répertoire comprend le générique et un résumé de chacun des films, plus de 500 photographies dont un grand nombre sont inédites, sur les films et les tournages et des index totalisant plus de 40 000 entrées (cinéastes, producteurs et productrices, sujets, séries et années de production). La marche à suivre pour commander des films, des vidéos, du métrage d'archives ou des extraits de films est indiquée.

L'Office national du film possède un centre de visionnement public au 200, boul. René-Lévesque Ouest, Montréal (Québec) H2Z 1X4. Téléphone : (514) 283-4823. Une salle est mise à la disposition du public pour le visionnement gratuit des films et des vidéos produits par l'ONF, à l'exclusion des films d'archives (produits avant 1970). Pour ces derniers, il faut prendre rendez-vous, à la Cinémathèque, 3155, chemin de la Côte-de-Liesse, Montréal (Québec) ; (514) 283-9437. Coût : 50 $ pour un visionnement ou un prêt, dans certains cas. À la Photothèque : (514) 283-9416, il est possible, sur rendez-vous, de consulter des photographies de tournage de films.

L'*Index des films canadiens de longs métrages*, publié par les Archives nationales du film, de la télévision et de l'enregistrement sonore des Archives publiques du Canada, est un répertoire bibliographique de tous les films canadiens de long métrage de langues française et anglaise produits entre 1913 et 1985. Il comprend aussi les noms des techniciens et des interprètes ainsi que les renseignements concernant la production et l'exportation de tous les longs métrages canadiens.

La cinémathèque de l'Institut canadien du film a publié un guide de sa collection. Il répertorie les titres de plus de 6 000 films de 16 mm et vidéocassettes. Sa collection est particulièrement riche dans les domaines des sciences, des beaux-arts, des arts du spectacle et des études cinématographiques. Son rôle est de compléter le travail des distributeurs canadiens privés de films et de vidéocassettes. Il fournit aux intéressés une source sur les films et les bandes vidéo qu'on ne pourrait se procurer autrement au Canada.

Ces films proviennent, par exemple, des ambassades de France, de Suède ou de Norvège, des Boy Scouts of Canada, du Royal Architectural Institute of Canada, de l'Animal Defense League of Canada, de Caltec Petroleum, etc.

Institut canadien du film, 2, avenue Daly, Ottawa (Ontario) K1N 6E2. Téléphone : (613) 232-6727.

Cinémathèque, 211 Watline Avenue, bureau 204, Mississauga (Ontario) L4Z 1P3. Téléphone : (416) 272-3840.

▽ *Les répertoires québécois*

DAVID (Documents AudioVIsuels Disponibles) est une base de données de 30 000 notices qui répertorie et analyse la documentation audiovisuelle de langue française, principalement de type documentaire : médias, répertoires, films, vidéos, diapositives, films fixes, acétates, cartes, illustrations, documents sonores, ensembles multimédia, jeux didactiques, microreproductions. Les données de cette base existent également sur support papier, sur microfiches sous le titre *Choix : documentation audiovisuelle*. Les Services documentaires multimedia, qui produisent cette base, publient également une refonte imprimée cumulative, intitulée *Le Tessier*, dont la dernière édition date de 1991. On peut rejoindre les Services documentaires multimedia au (514) 382-0895.

DAVID permet de répondre à diverses questions. Quels films ont été réalisés sur tels sujets ? Que distribue telle maison de distribution ? Que produit telle maison de production ? Qui distribue tel film et quelle est son adresse ? Qui loue ou vend ? Quels films sont produits par l'Association pulmonaire du Québec ou Amnistie internationale ? On y retrouve les maisons de distribution canadiennes avec leur adresse, leur numéro de téléphone et les modalités d'acquisition de leurs publications.

Un service du ministère des Communications du Québec vise à fournir l'information gouvernementale par la diffusion des documents audiovisuels gouvernementaux. Les organismes à but non lucratif actifs au Québec peuvent emprunter (gratuitement) ces documents par l'entremise de la vidéothèque. Ce service publie chaque année un répertoire, *L'information dynamique des documents audiovisuels gouvernementaux*, anciennement *Les films et les vidéos du gouvernement du Québec*.

Ce répertoire contient une liste de près de 1 000 documents traitant de sujets variés : santé, tourisme, faune, flore, loisirs, écologie, information sociale, etc. On peut s'adresser au Service de la distribution des documents audiovisuels du ministère des Communications au (418) 644-7645.

La Cinémathèque québécoise, située au 335, boul. de Maisonneuve Est, Montréal (Québec) H2X 1K1, téléphone : (514) 842-9763, n'est accessible que sur rendez-vous. On peut y trouver des documents et des accessoires de films de 1896 à aujourd'hui, ainsi que près de 100 fonds sur des cinéastes, livres rares, etc. Il est possible également d'y admirer des costumes, croquis et maquettes de décors, scénarios, vieilles affiches, etc.

La Cinémathèque québécoise a publié en 1989 son annuaire de la production et des activités cinématograhiques québécoises. Dirigé par Pierre Jutras, l'*Annuaire du cinéma québécois* est un relevé précis et exhaustif des longs, courts et moyens métrages québécois. Il comprend également un index des réalisateurs, une liste d'adresses des maisons de production et de distribution, un relevé des prix et des mentions remportés par les films, les personnes et les organismes ainsi qu'une bibliographie de 1 046 notices (articles de revues, critiques de films, etc.). Cet annuaire permet de faire le point sur la production québécoise d'une année.

▽   *L'industrie du cinéma canadien et québécois*

La revue *Qui fait quoi* publie tous les ans trois répertoires de l'industrie du cinéma, un pour Montréal, un pour Toronto et le dernier pour Québec.

Shuter-Springhurst Publication publie des répertoires de l'industrie du cinéma : pour la région de Montréal, le répertoire *Eastern Canada* ; pour Toronto, *Toronto Film Video Guide* ; pour l'Ouest du Canada, *Directory Assistance West*. Ceux-ci contiennent des répertoires d'adresses ainsi que des renseignements tels les taux horaires des différents spécialistes de l'industrie du cinéma.

Film Canada Yearbook 90 est un annuaire de l'industrie canadienne du film qui fournit les adresses des producteurs et des distributeurs, des renseignements sur les institutions cinématographiques fédérales et provinciales, sur les associations, les festivals et les études en cinéma.

Le *Répertoire de l'industrie canadienne du film, de la télévision et de la vidéo 1990* (bilingue) contient les adresses des producteurs, distributeurs et laboratoires, des renseignements sur les festivals, les publications, etc.

Le *Répertoire des festivals et des marchés* présente de façon détaillée les festivals et marchés qui ont lieu à l'échelle internationale et qui sont les plus susceptibles d'intéresser les producteurs canadiens.

▽ L'industrie du cinéma français

Pour la France, certains catalogues sont incontournables, en particulier le *Catalogue de la production cinématographique française*, publié par le Service des archives du film, Centre national de la cinématographie depuis 1975.

L'*Annuaire du cinéma, télévision, vidéo* est un répertoire complet de l'industrie du cinéma français, de la télévision et de la vidéo. La deuxième moitié du livre est un répertoire de photos des artistes français.

Unifrance Film International publie tous les ans deux répertoires : *Production française* répertorie les films de long métrage et *Les produits courts français* (1 heure ou moins) fait l'inventaire des films de fiction, des films documentaires et d'animation.

▽ L'industrie du cinéma américain

The National Union Catalog. Audiovisual Materials est publié par la Bibliothèque du Congrès depuis 1983. Il répertorie les films documentaires principalement américains, et la plupart des catégories de documents audiovisuels. C'est également un catalogue collectif qui permet de localiser les collections de documents audiovisuels de plus de 700 centres documentaires des États-Unis et du Canada.

The National Audiovisual Center, qui distribue la production audiovisuelle du gouvernement américain, offre un choix de catalogues et de brochures gratuites qui donnent la liste du matériel qui existe dans des domaines tels que l'abus des drogues, l'environnement, la conservation de l'énergie, l'exploration spatiale, etc.

Ce Centre offre également la *Reference List of Audio Visual Materials* qui date de 1978, laquelle contient 6 000 titres, de même que le *Supplément 1980*, avec 900 titres supplémentaires. Les centres documentaires peuvent s'inscrire sur la liste d'envoi du Centre et recevoir régulièrement la liste des titres. Il faut s'adresser à : National Audiovisual Center, National Archives and Records Service, General Services Administration, Information Services, Washington, DC 20409.

L'*International Motion Picture Almanac*, publié annuellement par Quigley Pub, depuis 1990, répertorie l'industrie du cinéma américain. Il contient, entre autres, les adresses des producteurs, la liste des acteurs et leur filmographie, et des renseignements sur les films produits durant l'année.

L'*American Film Institute Catalog of Feature Films* décrit les longs métrages américains depuis 1893. Ce catalogue couvre pour l'instant trois décennies (1911-1930 et 1960-1970). C'est le seul catalogue à posséder un index par sujets pour des films de fiction.

The Hollywood Reporter Blue-Book donne des renseignements précieux sur l'industrie du cinéma à Hollywood. *Education Film and Video Location* (Bowker, 1990) et *Film and Video Finder* (National Information Center Educational Media, 1987) sont deux catalogues qui répertorient des films à caractère éducatif.

▽ Les catalogues et les répertoires internationaux

International Film Guide effectue annuellement un survol du cinéma à travers le monde pendant la dernière année écoulée, depuis 1989. On y trouve des renseignements sur les films marquants, les festivals, les prix, les études en cinéma, etc.

▽ Les critiques et les index de films

Depuis 1986, l'Office des communications sociales publie un recueil de films. Chaque volume comporte des renseignements et une analyse critique pour tous les films de long métrage nouveaux de l'année.

Dans *Canadian News Index*, il suffit de consulter les sujets « Reviews – Cinéma » jusqu'en 1982 et « Reviews - Movie » pour les deux années suivantes, et « Movies Reviews » depuis 1985. On trouve aussi des critiques de films dans le *Canadian Periodical Index* sous la vedette « Moving Picture Reviews » et aussi dans *Film Canadiana*. *New York Times Film Reviews* vous indiquera ce que les Américains ont dit des films de Denis Arcand. En ce qui a trait aux index spécialisés, signalons *Art Index* où il suffit de regarder sous la rubrique « Motion Picture Reviews – Single Works ».

Depuis 1973, le *Film Literature Index* dépouille 262 périodiques, ce qui donne une portée internationale à ce répertoire. Les articles sur un film en particulier peuvent être repérés sous leur titre. *L'index de la FIAF* (Fédération internationale des Archives du film) est le plus important index des périodiques de cinéma et de télévision publié depuis 1972. Il indexe au-delà de 100 périodiques. Il se présente sur microfiches et comprend trois parties : sujets, films et biographies. Il complète le *Film Literature Index*.

The Film Review Index se veut une rétrospective bibliographique de films qui ont su capter l'intérêt des cinéphiles, des chercheurs et des étudiants. Il contient de précieuses références, certaines n'ayant jamais fait partie d'aucun répertoire. Ce répertoire présente une bibliographie abondante qui permet de compléter une recherche.

∇ Les vidéos

Le guide vidéo répertorie près de 5 000 titres, correspondant à ce qu'on peut trouver à l'heure actuelle dans les clubs vidéo du Québec. On y trouve la classification des films telle qu'elle est établie par la Régie du cinéma. Grâce à un système de renvois, on peut également repérer facilement le titre original de la version française d'un film américain. Pour chaque film, le guide précise le genre, l'année de production, la durée, le réalisateur et les principaux acteurs. Viennent ensuite une brève description du film et un commentaire sur ses caractéristiques intéressantes. On y trouve également un index par genres, par acteurs et par réalisateurs.

Aux États-Unis, les ouvrages de base sont le *Bowker's Complete Video Directory*, en deux volumes, et le *Video Source Book* 1990 (Gale). Il s'agit de deux répertoires annuels de films documentaires en anglais.

◯ Les photographies

∇ Au Canada et au Québec

Certaines bibliothèques et centres documentaires, les musées, les sociétés historiques, les archives nationales, les centres d'archives de villes importantes comme Québec et Montréal, les compagnies privées, bref, beaucoup d'organismes et d'institutions possèdent d'importantes collections de photos. Vous cherchez des photos sur l'architecture de Montréal ? Le Centre canadien d'architecture à Montréal possède la seule collection qui soit consacrée exclusivement à l'architecture et au domaine bâti. Cette collection comprend des dessins, des livres, des documents d'archives et plus de 25 000 photographies.

La Cinémathèque québécoise conserve une collection de plus de 8 000 films, de quelque 350 appareils et de plus de 100 000 photographies.

La Collection nationale de photographies des Archives nationales du Canada possède dans son inventaire huit millions de photographies documentant à la fois l'histoire du Canada et l'histoire de la photographie au Canada.

Les Archives nationales du Québec possèdent une collection de près de six millions de photographies et d'images fixes, de personnes et d'événements, de paysages urbains et ruraux, d'édifices et de monuments qui remontent jusqu'aux années 1850.

On peut aussi contacter le Musée canadien de la photographie contemporaine. Lorsque vous effectuez une demande de photos, précisez, s'ils n'en ont pas, qu'on vous indique où s'en procurer. Ils ont peut-être les photographies de photographes connus et qui peuvent être reproduites avec la permission de l'organisme.

∇ *Aux États-Unis*

Le *Stock Photo Deskbook* recense plus de 7 000 sources de photographies qui peuvent être reproduites dans des livres ou des magazines, moyennant des droits. On inclut les agences, les particuliers et les organisations qui vendent des photos. Chaque notice comprend le nom, le numéro de téléphone et la spécialité des vendeurs.

L'*Index to American Photographic Collections*, compilé par l'International Museum of Photography au George Eastman House, en 1982, inventorie 458 collections privées et publiques de photographies prises par quelque 19 000 photographes des XIXe et XXe siècles et qui appartiennent maintenant à des sociétés historiques, des galeries, des musées, des bibliothèques, des agences gouvernementales, ou à des universités à travers les États-Unis.

Literary Marketplace donne une liste de sources pour des photographies sous la vedette-matière «Photo and Picture Sources». On peut aussi consulter le *Directory of Special Libraries and Information Centers*, l'*Encyclopedia of Associations* en cherchant à «Pictures», etc.

∇ *En France*

Interphotothèque: service iconographique de la Documentation française fournit des adresses utiles pour la photographie.

La Documentation française a également édité le *Répertoire des collections photographiques en France*. Plus de 1 060 professionnels, agences, photothèques, possédant chacune au moins 1 000 photos, sont recensés.

⭘ Les reproductions de peintures et les illustrations

Le *Guide Vallée* (2ᵉ édition, 1989), publié par Charles-Huot inc., présente des biographies et des cotes de 1 006 artistes dont les œuvres se transigent régulièrement sur le marché québécois. Ce répertoire permet à chacun de connaître rapidement les principales étapes de la carrière des artistes qui y sont présentés et les prix à payer pour acquérir leurs œuvres. Il comprend une reproduction par artiste et un index des galeries des artistes.

L'*Index to Reproductions of European Paintings*, par Isabel Stevenson Monro et Kate M. Monro, publié par Wilson en 1959, fournit la liste de peintures européennes par artistes, sujets et titres. L'index donne aussi le nom du musée qui possède l'original, en plus de 328 livres, qu'on trouve facilement dans les bibliothèques d'art et qui les illustrent.

L'Unesco a publié deux répertoires de reproductions intitulés *Catalogue de reproductions en couleur de peintures*, le premier pour les peintures avant 1860 et le second pour les années 1860 à 1949.

Illustration Index, par Marsha C. Appel, paru chez Scarecrow Press en 1984, est un index qui permet de retrouver des illustrations, des photos publiées dans des périodiques particulièrement bien illustrés comme le *National Geographic* ou *National Wildlife*, etc.

⭘ Les enregistrements sonores

L'Institut britannique des enregistrements sonores, à Londres, conserve 300 000 documents. « Nous avons Gladstone, enregistré par Edison lui-même, et un enregistrement de Tennyson récitant ses propres poèmes », explique Patrick Saul qui fonda l'Institut en 1947. « Nous avons aussi Lénine et Staline, tous les discours de guerre de Churchill, et ceux de nombreux dictateurs, dont Franco, Mussolini et Hitler. » L'Institut possède, en outre, divers enregistrements de bruits : le claquement sec des balles de mitrailleuses sur les pierres de Notre-Dame, à l'arrivée du général de Gaulle pour le *Te Deum* célébrant la libération de Paris, le grondement formidable de la fusée *Saturne*, porteuse d'*Apollo 11*, lorsqu'elle a décollé vers la Lune. L'un des plus vieux enregistrements date de la fin du XIXᵉ siècle : Brahms y exécute au piano l'une de ses *Danses hongroises*.

Words on Cassette 1987-88 est une bibliographie d'audiocassettes, depuis 1985, de quelque 30 000 titres provenant de 600 éditeurs.

▽ *Les distributeurs de documents audiovisuels*

Les Services documentaires multimedia produisent annuellement un répertoire des distributeurs canadiens.

Audio Video Market Place : a Multimedia Guide, New York, R.R. Bowker, 1976 (qui fait suite à *Audiovisual Marketplace : a Multimedia Guide*) fournit la liste des producteurs, distributeurs de médias, manufacturiers d'équipement, services et organismes, congrès, festivals de films, sources de référence et revues de médias. En plus des répertoires de compagnies, il y a des répertoires sur les associations liées à cette industrie, une liste de prix et de festivals, un calendrier de rencontres des associations professionnelles pour l'année, une liste de périodiques spécialisés et une bibliographie annotée de livres de référence. Le livre vise ceux qui sont intéressés à obtenir de l'information sur les producteurs et les distributeurs de l'équipement, des services de vidéo, des manufacturiers.

▽ *Les producteurs*

L'annuaire *Audio-Visual Source Directory*, de Motion Picture Enterprises, répertorie les manufacturiers et les vendeurs d'équipement pour la photographie, les films, la télévision, le théâtre, les activités pédagogiques audiovisuelles, les instruments scientifiques et l'équipement de laboratoire. Il donne aussi la liste des associations de l'industrie audiovisuelle. Les notices incluent le nom de la compagnie, son adresse et son numéro de téléphone. Les divisions concernent soit le produit, soit le secteur. Ce répertoire est publié deux fois par année.

Depuis 1981, *Audio-Cassette Directory* répertorie, deux fois par année, 520 producteurs de cassettes religieuses et éducatives, incluant conférences et cours à la maison. Les notices indiquent le nom et l'adresse de la compagnie, son secteur, les titres des séries, la description du contenu, la durée des cassettes, l'auditoire visé.

○ **La télévision**

Pour la première fois en 1990, le *Gale Directory of Publications and Broadcast Media* (voir chapitre 4, p. 96), ce successeur d'AYER, donne de l'information sur les stations de télévision et de radio, de même que sur les compagnies de câblodistribution. On y trouve le nom, l'adresse, la fréquence, les heures de diffusion, le personnel clé et les tarifs.

L'*International Television and Video Almanac* (New York Quigley Pub, 1990). Cette publication annuelle est l'équivalent du *International Motion Picture Almanac* pour la télévision et la vidéo.

Les stations de télévision et de radio sont obligées par la loi de conserver une copie de leurs programmes pendant un certain temps. Ils sont classés par dates et quelquefois par sujets. On peut s'adresser aux services de relations publiques pour les obtenir.

Au Service des archives sonores et visuelles de Radio-Canada à Montréal, on peut trouver des bandes sonores et visuelles des émissions de radio et de télévision depuis 1986, des disques sur les premières émissions de Radio-Canada et environ 50 000 photos (de 1922 à aujourd'hui) de comédiens, d'artistes et de personnalités.

Les Archives nationales du film, de la télévision et de l'enregistrement sonore, avec ses 100 000 titres, représentent 10 000 heures d'émissions de télévision et 70 000 heures d'enregistrements sonores.

CBS News Television Broadcasts, Microfilm Corp. of America, donne la transcription mot à mot, sur microfiches seulement, des nouvelles de CBS, de 60 minutes, et d'autres émissions d'affaires publiques réalisées depuis 1963.

Il est possible d'obtenir la transcription de certaines émissions de la télévision américaine, parmi lesquelles *Nova, 20/20, 60 Minutes, Front Line* et une cinquantaine d'autres, grâce à Journal Graphics Inc., 1535, Grant Street, Denver, Colorado 80203; téléphone: (303) 831-9000. Cette compagnie publie depuis quelques années le *Transcript/Video Index*, une liste avec les résumés des principales émissions d'affaires publiques américaines diffusées durant l'année. Le classement est par sujets: «Canada», «Cocaïne/crack», «Computers», etc. Les transcriptions ne coûtent que quelques dollars.

TV Guide Indexes, TV Guide 25 Year Index, TV Guide Index 1978-1982. Supplément 1983, *TV Guide Microfilm Library*, Four Radnor Corp. Ctr., Radnor, PA 19088. Ces index sont précis et exhaustifs. Ils donnent une liste complète par sujets et par auteurs de chaque article et recension publiés dans *TV Guide's National Editorial Section* entre avril 1953 et décembre 1982.

Le Museum of Broadcasting de New York possède une collection de 20 000 émissions de radio et de télévision. Le personnel accepte de répondre aux questions posées au téléphone: (212) 752-4690, entre 15 h 30 et 17 h.

❏ 8. LES PUBLICATIONS GOUVERNEMENTALES

Cette catégorie de documents est souvent ignorée par les usagers. Les gouvernements sont pourtant des éditeurs qui publient énormément. À lui seul, à titre d'exemple, le gouvernement du Québec publie annuellement autant, sinon plus, que l'ensemble des éditeurs commerciaux.

Les gouvernements publient dans tous les domaines : éducation, garderies, justice, environnement, commerce, etc. Les livres et les périodiques sur des sujets particuliers sont faciles à obtenir, au même titre que la production commerciale courante. Mais les publications parlemenaires proprement dites ne se trouvent pas toujours dans les centres documentaires.

▽ Les publications du gouvernement du Québec

Les ministères et les principaux organismes gouvernementaux sont tous dotés d'une bibliothèque ou d'un centre de documentation qu'ils confient à du personnel qualifié. Ainsi le Conseil du statut de la femme a élaboré un répertoire des groupes de femmes du Québec, et le ministère des Communications un excellent répertoire des recherches faites par ou pour le ministère. On y trouve, par exemple, l'*Historique du journalisme étudiant au Québec*, le *Répertoire des moyens de communication en milieu autochtone*, etc. Le ministère de l'Industrie, du Commerce et de la Technologie offre gratuitement *L'industrie québécoise de l'informatique*, répertoire des fabricants québécois de logiciels, de produits informatiques et bureautiques, etc.

Mais la réponse à une question donnée ne se trouve pas toujours à la bibliothèque. En fait, quel que soit le niveau de spécialisation de votre recherche, il y a presque toujours un fonctionnaire qui peut vous donner l'information au téléphone. Cependant, trouver le bon fonctionnaire peut facilement devenir un calvaire. Pour éviter les chemins de croix, il faut consulter le *Répertoire téléphonique du gouvernement du Québec*, qui contient les numéros de téléphone des membres de l'Assemblée nationale, ceux des ministères et organismes gouvernementaux ainsi que la liste alphabétique des employés du gouvernement du Québec avec leur numéro de téléphone, et le *Répertoire administratif du Québec*, publié par le ministère des Communications depuis 1973. Il contient une brève description de tous les organismes gouvernementaux du Québec (législatif, exécutif, judiciaire et administration publique), ainsi qu'un index des mots clés. Pendant quelques années, le gouvernement a publié le *Guide du citoyen* décrivant tous les services de l'État québécois s'adressant aux citoyens.

Le gouvernement du Québec a sa propre maison d'édition, Les Publications du Québec, ce qui lui permet de publier beaucoup, sur tous les sujets.

Depuis 1981, la *Liste mensuelle des publications du gouvernement du Québec* répertorie les publications de l'Assemblée nationale et des différents ministères et les adresses où on peut les obtenir. Cette liste contient aussi des renseignements utiles sur les quelque 140 ministères et organismes publics sous autorité québécoise. Par ailleurs, quelques chercheurs ont répertorié toutes les publications officielles du Québec de 1867 à 1968 dans une publication qui a pour titre : *Répertoire des publications gouvernementales du Québec de 1867 à 1964*. Un *Supplément* a aussi été publié pour la période 1965-1968. Dans les deux volumes, les publications sont classées par ministères et un index détaillé par sujets et par noms est fourni.

Depuis 1968, la Bibliothèque nationale du Québec tient à jour la liste des publications gouvernementales. Les publications gratuites des ministères n'apparaissent pas sur les listes des Publications du Québec. Mais la plupart des ministères publient une liste de leurs publications. On peut toujours s'adresser à la Direction des communications pour en obtenir une copie. En raison du coût élevé de leur reproduction, certaines publications sont à diffusion restreinte ; il peut être difficile de les obtenir, mais on peut toujours les consulter sur place.

Michel Gélinas, bibliothécaire de l'École nationale d'administration publique (ENAP), a préparé un guide bibliographique de l'administration publique.

De plus, l'ENAP a publié, en août 1984, la *Liste cumulative des publications du personnel de l'ENAP*, préparée par Josée Chabot et Michel

Gélinas. On y trouve des études telles que l'*Histoire administrative de la police provinciale du Québec, 1870-1945*, *Le Parti québécois comme organisation : analyse descriptive*, *Le contrôle de la sécurité dans le transport scolaire*, etc.

Le professeur Bernard Tremblay, de l'Université Laval, a publié *Le citoyen et l'administration, Guide de droit administratif à l'usage du citoyen*, en 1984. Il y explique, en 80 pages, comment rédiger une requête, comment présenter faits et arguments, comment se comporter devant un tribunal administratif provincial ou fédéral (Cour canadienne de l'impôt, Commission des normes du travail, Bureau de révision de l'évaluation foncière, etc.).

Pour obtenir le catalogue des publications gouvernementales, écrivez à : Les Publications du Québec, case postale 1005, Québec (Québec) G1K 7B5. Téléphone : (418) 643-5150 ou 1 800 463-2100.

Les publications du gouvernement du Québec sont vendues dans le réseau de leurs librairies :

– À Québec : Édifice G, aile Saint-Amable, RC, 1056, rue Conroy ; (418) 643-3895.

– À Montréal : Complexe Desjardins, niveau de la Promenade ; (514) 873-6101.

– À Sainte-Foy : Place Laurier, 3e étage ; (418) 651-4202.

– À Hull : Place du Centre, 200, promenade du Portage ; (819) 770-0111.

▽ Les publications du gouvernement du Canada

Les ministères et les organismes fédéraux publient beaucoup, pour informer et pour justifier leur mission. À titre d'exemple, le ministère de l'Agriculture, dans son catalogue intitulé *Publications payantes d'Agriculture Canada*, inventorie des publications aussi variées que *Les plantes nuisibles communes du Canada*, *Species Problem in Cannabis-Science and Semantics*, *Guide to the Chemicals Used in Crop Protection*, *Serres solaires commerciales* et *Le riz sauvage au Canada*, etc. En plus, le Ministère produit et diffuse des vidéos comme le *Contrôle des salmonelles dans l'industrie de la volaille*, etc.

Il y a aussi les publications gratuites. Les particuliers peuvent commander gratuitement cinq publications par année. Ainsi trouve-t-on *L'agriculture au féminin, Les carrières dans le circuit agro-alimentaire, Races de poules (photos), L'industrie du poulet à griller, Maladies de la tomate, L'élevage sur les petites fermes*.

Plusieurs bibliothèques publiques du Canada sont dépositaires des publications gouvernementales. Si votre bibliothèque locale n'a pas la publication que vous désirez consulter, elle devrait pouvoir se la procurer par l'entremise du prêt entre bibliothèques. Une liste des bibliothèques dépositaires peut être obtenue sur demande.

Il y a plusieurs façons de repérer une publication du gouvernement fédéral. La plus rapide est de consulter *Microlog : Index de recherche du Canada. Microlog* dépouille les études, les recherches, les rapports annuels, les revues statistiques des trois niveaux de gouvernement au Canada, de même que le matériel publié par des établissements de recherche non gouvernementale, des associations professionnelles et des groupes d'intérêt. La section principale de cet index donne la liste du matériel par auteurs individuels ou corporatifs, suivie d'une section par sujets et d'une section par titres. *Microlog* répertorie les rapports canadiens courants provenant de sources gouvernementales. Il inclut les publications du gouvernement fédéral, des gouvernements provinciaux et des administrations municipales. Pour le non-spécialiste, c'est souvent le seul moyen d'obtenir ce genre d'information.

La *Liste hebdomadaire des publications du gouvernement canadien* et *Publications du gouvernement du Canada : Catalogue trimestriel* rendent compte des principales publications fédérales et recensent les publications par sujets. Tous ces guides sont publiés par le Centre des publications du gouvernement canadien, l'éditeur du gouvernement.

Le Centre des publications du gouvernement canadien compte plus de 10 000 livres vendus dans des librairies dépositaires. On peut obtenir la liste des dépositaires en téléphonant au (819) 997-2560. Les librairies accréditées distribuent tous ces livres.

Pour les publications gratuites, chaque ministère dispose d'une liste de distribution. Il suffit de contacter la Direction des communications d'un ministère pour s'inscrire sur sa liste d'envoi.

Enfin, le *Canadian Statistics Index*, une publication annuelle qui donne l'accès bibliographique aux publications de Statistique Canada de même qu'à d'autres sources privées de statistiques canadiennes, explique aussi comment commander ces diverses publications.

▽ *Les publications du gouvernement des États-Unis*

Le gouvernement américain est le plus grand éditeur du monde. Ses publications couvrent tous les aspects de la vie de l'homme, de la naissance à la mort et, la plupart du temps, ces publications sont gratuites ou peu dispendieuses. Nulle part ailleurs peut-on avoir une telle qualité, à si bas prix.

Le *United States Government Publications Catalogs* contient les titres de plus de 370 catalogues d'agences gouvernementales. Le terme publications est pris au sens large et comprend aussi bien des catalogues et des bibliographies que des textes photocopiés.

Le *Monthly Catalog of United States Government Publications* est un index qui relève, depuis 1895, environ la moitié des publications du gouvernement américain (ministères, entreprises publiques et organismes). L'index annuel (auteurs, titres et sujets) ne contient pas les notices bibliographiques complètes, mais il renvoie aux publications mensuelles. On peut aussi consulter le *Subject Bibliography Index*, une liste de 240 sujets majeurs pour lesquels on a créé des bibliographies. L'index donne la liste de plus de 15 000 brochures, guides et périodiques. Vous y cochez la bibliographie qui vous intéresse et on vous l'expédie avec le prix. Contactez : Superintendent of Documents, US Government Printing Office, Washington DC 20402, USA ; (202) 783-3238.

Pour avoir la liste des périodiques (couvrant un grand nombre de sujets) publiés par le gouvernement des États-Unis, il faut demander la *Price List 36*, *Government Periodicals and Subscription Services* à l'adresse suivante : Superintendent of Documents, US Government Printing Office, Washington, DC 20402, USA.

Le National Technical Information Service (NTIS) a une collection de plus d'un million de rapports techniques sur des recherches gouvernementales terminées. Le NTIS est la source centrale pour la vente au public de ces recherches. Des dizaines de secteurs techniques (énergie, médecine, aéronautique, etc.) sont couverts. De plus, le NTIS publie de coûteux bulletins d'information spécialisée avec des résumés de ses recherches. *Published Searches* est un catalogue de recherches publiées qui donne tous les titres que l'on peut obtenir gratuitement. Pour rejoindre le NTIS : Springfield, VA 22161 ; (202) 487-4600. Il y a aussi un répertoire qui en vaut le coup : le *Directory of Federal Technology Resources*, un guide sur des centaines de laboratoires, d'agences fédérales et de centres d'ingénierie.

Un index recense les études réalisées par la Rand Corporation, qui effectue des recherches subventionnées par le gouvernement fédéral et les États américains. À titre d'exemples : *Selected Rand Abstracts ; A Quarterly Guide to Publications of the Rand Corporation*. On y dépouille aussi des articles de revues publiées par des presses universitaires ou des éditeurs commerciaux.

> **Truc**

- L'Université McGill (Montréal) et Concordia (Montréal) sont les dépositaires des publications du gouvernement des États-Unis et de celui de la Grande-Bretagne. L'Université de Montréal est dépositaire des publications de l'Unesco.

❏ CONCLUSION

La stratégie de la recherche

Nous avons posé dans ce livre les principes de base de tout centre documentaire, présenté les catégories de bibliothèques et de centres documentaires, analysé les méthodes et les outils pour effectuer une recherche rapide ou approfondie de l'information, de même que les différentes façons de repérer des experts. Il vous est maintenant possible de naviguer à travers les encyclopédies, les catalogues des centres documentaires, les bibliographies et les catalogues collectifs sans couler à pic dans une mer de faits, de chiffres, de renseignements.

Notre but n'était pas de publier une liste exhaustive de tous les outils de référence et de toutes les sources documentaires qui existent. Il est fort possible, au moment où vous lirez cet ouvrage, qu'un numéro de téléphone soit changé, qu'un livre présenté possède une nouvelle édition, que tel autre soit épuisé, etc.

Avant de s'aventurer dans un centre documentaire, à la recherche d'informations emmagasinées dans de la documentation, il faut avoir bien défini sa stratégie de recherche. Nous présentons, pour terminer, une démarche générale pour faciliter l'élaboration d'une stratégie de recherche cohérente.

1. Établir les frontières de votre sujet de manière à en préciser l'étendue.

2. Dresser une liste de synonymes, de mots apparentés qui se rapportent à votre sujet en utilisant des dictionnaires de langue ou encore en consultant le *Répertoire des vedettes-matière* de l'Université Laval.

3. Inventorier les centres documentaires dont les collections peuvent être consultées localement et identifier ceux dont les collections sont susceptibles de traiter de votre sujet de recherche.

4. Exploiter chacun des centres documentaires identifiés à l'étape 3 :

    –   en consultant la collection d'ouvrages de référence généraux et spécialisés (encyclopédies, annuaires, etc.) ;

    –   en interrogeant les catalogues des sources documentaires possédés par chacun des centres (sur fiches, sur microfiches ou sur ordinateur) pour récupérer les livres, les documents audiovisuels, les publications gouvernementales, les thèses ;

    –   en dépouillant les répertoires bibliographiques d'articles de périodiques (imprimés, sur microformes, en ligne ou sur CD-ROM) en s'assurant, à l'aide du Cardex ou d'une liste informatique, que le centre documentaire les possède ;

    –   en élargissant la quantité de sources documentaires par la consultation des outils appropriés (catalogues de grandes bibliothèques, bibliographies nationales et internationales, bases de données interrogeables par l'intermédiaire de serveurs, de réseaux documentaires et de catalogues collectifs, etc.) vous permettant de repérer **des collections documentaires que vous ne pouvez consulter localement** ;

    –   en effectuant, au besoin, un prêt entre bibliothèques.

5. Explorer des possibilités documentaires autres que les sources traditionnelles : entrevues avec des experts, congrès, associations professionnelles, musées, fondations, archives, etc.

***

La recherche est l'art de se constituer un bon trousseau de clés, de trouver et d'utiliser celles qui ouvrent les portes aux divers mondes du savoir. Il ne faut pas négliger l'aide importante que le personnel spécialisé en documentation peut apporter au cours de la recherche d'information. Après quelques expériences de recherches sérieuses, toute personne peut devenir autonome et à l'aise dans une telle démarche.

❏ POUR EN SAVOIR DAVANTAGE

Baillargeon, Gilbert; Laflamme, Luc; Saint-Onge, Michel. – Comment faire une recherche documentaire. – Laval: Collège Montmorency, 1986. – 36 p.

Barzun, Jacques; Graff Henry F. – The Modern Researcher. – 3e éd. – New York: Harcourt, Brace Jovanovich, 1985. – 450 p.

Berkman, Robert. – Find It Fast: How to Uncover Expert Information on Any Subject. – New York: Harper & Row, 1987. – 260 p.

Bourgault, Jacques. – Guide de recherche documentaire en matières parlementaires et gouvernementales du Québec. – Québec: Jacques Bourgault, 1983, 1985. – 81 p.

Bourget, Manon; Chiasson, Robert; Morin, Marie-Josée. – L'indispensable en documentation: les outils de travail. – Québec: Documentor, 1990. – 201 p.

Chandler, G. – How to Find out, Printed and On-line Sources. – Oxford: Pergamon Library International, 1982. – 250 p.

Chevalier, Brigitte. – Méthodologie d'un centre de documentation. – Paris: Hachette, 1980. – 191 p.

Deschatelets, Gilles; Kahil, Liliane. – Bulletin bibliographique des ouvrages de référence; Partie 1: Les ouvrages généraux. – Montréal: École de bibliothéconomie, 1990. – 248 p.

Dickson, Frank. – Writer's Digest: Handbook of Article Writing. – New York: Holt, Rinehart and Winston, 1968. – 303 p.

Dion, Lionel. – Le travail de recherche à la bibliothèque : guide destiné aux étudiants des premières classes secondaires. – Montréal : Pedagogia, 1974. – 81 p.

Dionne, Bernard ; Langevin, Louise. – Pour réussir : guide méthodologique pour les études et la recherche. – Montréal : Éditions Études Vivantes, 1990. – 202 p.

École nationale d'administration publique. – Guide bibliographique en administration publique. – Québec : Université du Québec, 1983. – 78 p.

Felknor, Bruce L. – How to Look Things Up and Find Things Out. – New York : Quill William Morrow, 1988. – 290 p.

Gosselin, Michelle. – Le bon usage des dictionnaires. – Québec : Éditions La Liberté, 1989. – 112 p.

Gosselin, Michelle ; Simard, Claude. – Introduction pratique aux dictionnaires. – Montréal : Éditions Ville-Marie, 1981. – 193 p.

Goulet, Liliane ; Lépine, Ginette. – Cahier de méthodologie et guide pour l'étudiant-e. – Montréal : Université du Québec à Montréal, 1985. – 217 p.

Hardendorff, Jeanne B. – Librairies and How to Use Them : A First Book. – New York-London : Franklin Watts, 1979. – 61 p.

Horowitz, Lois. – Knowing where to Look, The Ultimate Guide to Research. – Cincinnati : Writer's Digest Books, 1984. – 436 p.

Katz, William A. – Introduction to Reference Work, Volume 1 : Basic Information Sources ; Volume 2 : Reference Services. – New York : McGraw Hill, 1982.

Kesselman-Turkel, Judi ; Peterson, Franklynn. – Research Shortcuts. – Chicago : Contemporary Books, 1982. – 112 p.

Lefort, Geneviève. – Savoir se documenter. – Paris : Éditions d'organisation, 1990. – 190 p.

Létourneau, Jocelyn. – Le coffre à outils du chercheur débutant : guide d'initiation au travail intellectuel. – Toronto : Oxford University Press, 1989. – 227 p.

McCormick, Mona. – The New York Times Guide to Reference Materials. – New York : Times Books, 1985. – 242 p.

Mann, Thomas. – A Guide to Library Research Methods. – New York : Oxford University Press, 1986. – 199 p.

✕ Mignault, Marcel. – Les Chemins du savoir : la bibliothèque, la documentation, les habitudes de travail. – La Pocatière : Société du stage en bibliothéconomie de La Pocatière, 1975. – 215 p.

Miller, Mara. – Where to Go for What – Englewood Cliffs, N. J. : Prentice Hall, 1981. – 244 p.

O'Brien, Robert ; Soderman, Joanne. – New York : Simon and Schuster, 1975. – 245 p.

Overbury, Stephen. – Finding Canadian Facts Fast. – Agincourt, Ontario : Methuen, 1985. – 192 p.

Paradis, Adrian A. – The Research Handbook : A Guide to Reference Sources. – New York : Funk & Wagnall, 1966. – 217 p.

Provost, J. ; Louis, F. – Bouquinons et Bibliothéquons : De l'école au collège. – Paris : Casteilla, 1986. – 63 p.

Rochette, Louis. – Le Citoyen et l'Administration : Guide de droit administratif à l'usage du citoyen. – Québec : Le Groupe de recherche Le Citoyen et l'administration ; Sainte-Foy : Université Laval, 1984. – 79 p.

Todd, Alden. – Finding Facts Fast. – New York : William Morrow, 1972. – 123 p.

Williams, Robert V. – You Could Look it Up, Reference Material for Business Reporters. – Washington : Journalism Review, August 1985.

Ziskind, Sylvia ; Hede, Agnes Ann. – Reference readiness : A Manual for Librarians and Students. – 2ᵉ édition, révisée et augmentée. – Hamden Conn. : Linnet Books, 1977. – 341 p.

LES DIFFÉRENTS CATALOGUES

A. Catalogue sur fiches

Jeu de fiches complet

Fiche au sujet 1

Fiche au sujet 2

Fiche secondaire au 2ᵉ auteur

Fiche secondaire au 3ᵉ auteur

Fiche secondaire au titre

Fiche principale à l'auteur

GÉOGRAPHIE HUMAINE – QUÉBEC (PROVINCE)

917.14
B575r

QUÉBEC (PROVINCE) – DESCRIPTIONS ET VOYAGES

917.14
B575r

Claude, Pierre.

Lebœuf, Francine.

Regards sur le Québec

917.14
B575r   Berher, Harold, 1944-
        Regards sur le Québec / Harold Bherer avec la collab.
de Pierre Claude et Francine Lebœuf. -- 2e éd. --
Montréal : Éditions Paulines, 1986, c1982.
        88 p. : ill. en coul., carte, graph. ; 28 cm. --
(Documentation vidéo-presse)
        Bibliogr. : p. 8.
        ISBN 2- 89039-894-3 (br.) : 8, 50 $

        1. Québec (Province) – Descriptions et voyages. 2.
Géographie humaine – Québec (Province). I. Claude,
Pierre. II. Lebœuf, Francine. III. Titre. IV.
Collection.

917.14/B575r   ◯   GF   SDM : 8705285
                            512   Ŀ**J* 4
                                    54

Fiche principale à l'auteur

B. Catalogue sur microfiches

1-2-3 (LOGICIEL | MATIERES   UNIVERSITE DE MONTREAL   001
                             BIBLIOTHEQUES 11/01/88

Notice extraite du catalogue des sujets

BASSE-CÔTE-NORD (QUÉBEC) - CONDITIONS ÉCONOMIQUES.
    Blondin, Denis. Les gens de la terre et les gens de la mer :
    histoire économique de la Basse-Côte-Nord / Denis Blondin. --

C. Catalogue sur ordinateur

Résultats sur écran d'une interrogation

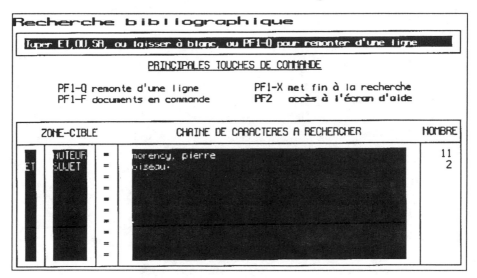

Notice extraite du catalogue des auteurs

Source : Logiciel SCRIBE, produit par le Service informatique du Cégep François-Xavier-Garneau.

❏ ANNEXE 2

ABRÉGÉ DE LA CLASSIFICATION DÉCIMALE DE DEWEY[1]

000 Généralités
100 Philosophie et psychologie
200 Religion
300 Sciences sociales
400 Langues
500 Sciences de la nature et mathématiques
600 Sciences appliquées
700 Arts et loisirs
800 Littérature et art d'écrire
900 Histoire et géographie

000-009   Savoir et communication
010-019   Bibliographies
020-029   Bibliothéconomie et science de l'information
030-039   Encyclopédies générales
040-049   La vingtième édition n'attribue aucun sujet à ces indices
050-059[2]   Périodiques généraux et leurs index
060-069   Organisations générales et muséologie

---

1. Extrait de *La classification décimale de Dewey: clé d'accès à l'information* (Documentor, 1992).
2. Dans la majorité des centres documentaires, les publications en série (revues, journaux) sont classées seulement par ordre alphabétique de titres.

070-079	Médias d'information : journalisme et édition
080-089	Collections générales
090-099	Manuscrits et livres rares

100 PHILOSOPHIE, PARAPSYCHOLOGIE ET OCCULTISME, PSYCHOLOGIE

100-109	Généralités
110-119	Métaphysique
120-129	Épistémologie, causalité, genre humain
130-139	Phénomènes paranormaux
140-149	Écoles et courants philosophiques
150-159	Psychologie
160-169	Logique
170-179	Éthique (philosophie morale)
180-189	Philosophie ancienne, médiévale, orientale
190-199	Philosophie occidentale moderne

200 RELIGION

200.1-200.9	Généralités
201-209	Christianisme : généralités
210-219	Religion naturelle
220-229	Bible
230-239	Théologie doctrinale chrétienne
240-249	Théologie morale et dévotion chrétiennes
250-259	Église locale et ordres religieux chrétiens
260-269	Théologie sociale chrétienne
270-279	Histoire du christianisme
280-289	Confessions et sectes chrétiennes
290-299	Autres religions et religion comparée

300   SCIENCES SOCIALES

300.1-300.9	Généralités
301-307	Sociologie et anthropologie
310-319	Statistiques générales
320-329	Science politique
330-339	Éonomie
340-349	Droit
350-359	Administration publique. Science militaire
360-369	Problèmes et services sociaux
370-379	Éducation
380-389	Commerce, communications, transports
390-399	Coutumes et folklore *et étiquette* .

400   LANGUES

400-409	Généralités
410-419	Linguistique
420-429	Anglais
430-439	Allemand et autres langues germaniques
440-449	Français et autres langues romanes
450-459	Italien, roumain et langues rhéto-romanes
460-469	Espagnol et portugais
470-479	Latin et autres langues italiques
480-489	Grec et autres langues helléniques
490-499	Autres langues

500   SCIENCE DE LA NATURE ET MATHÉMATIQUES

500-509	Généralités
510-519	Mathématiques
520-529	Astronomie et sciences connexes
530-539	Physique

540-549   Chimie et sciences connexes
550-559   Sciences de la terre
560-569   Paléonthologie. Paléozoologie
570-579   Sciences de la vie
580-589   Botanique
590-599   Zoologie

600   **SCIENCES APPLIQUÉES**

600-609   Généralités
610-619   Médecine
620-629   Génie
630-639   Agriculture
640-649   Économie domestique, vie à la maison
650-659   Gestion des entreprises
660-669   Chimie industrielle
670-679   Fabrication industrielle
680-689   Fabrication de produits à usages spécifiques
690-699   Bâtiments

700   **ARTS ET LOISIRS**

700-709   Généralités
710-719   Urbanisme et aménagement paysager
720-729   Architecture
730-739   Sculpture et autres arts plastiques
740-749   Dessin et arts décoratifs
750-759   Peinture
760-769   Gravure et arts graphiques
770-779   Photographie et photographies
780-789   Musique
790-799   Art du spectacle, loisirs et sports

800 LITTÉRATURE ET ART D'ÉCRIRE

800-809	Généralités
810-819[3]	Littérature américaine de langue anglaise
820-829	Autres littératures de langue anglaise
830-839	Littérature allemande et autres littératures germaniques
840-849[4]	Littérature des langues romanes. Littérature de langue française
850-859	Littérature des langues italienne, roumaine et rhéto-romane
860-869	Littératures des langues espagnole et portugaise
870-879	Littérature des langues italiques. Littérature latine
880-889	Littérature des langues helléniques. Littérature grecque classique
890-899	Littératures des autres langues

900 HISTOIRE ET GÉOGRAPHIE

900-909	Généralités
910-919	Géographie et voyages
920-929	Biographies générales, généalogie, emblèmes
930-939	Histoire générale du monde ancien, jusqu'aux environs de 499
940-949	Histoire générale de l'Europe. Europe de l'Ouest
950-959	Histoire générale de l'Asie. Orient. Extrême-Orient
960-969	Histoire générale de l'Afrique
970-979	Histoire générale de l'Amérique du Nord
980-989	Histoire générale de l'Amérique du Sud
990-999	Histoire générale des autres parties du monde

---

3. Pour la littérature canadienne, plusieurs centres documentaires font précéder la cote Dewey de la lettre C.
4. Pour la littérature québécoise, plusieurs centres documentaires font précéder la cote Dewey de la lettre C.

❏ ANNEXE 3

ABRÉGÉ DE LA CLASSIFICATION DE LA BIBLIOTHÈQUE DU CONGRÈS[1]

A : **OUVRAGES GÉNÉRAUX**

AE	Encyclopédies et dictionnaires généraux
AI	Index
AM	Musées
AP	Périodiques généraux
AS	Sociétés savantes et instituts
AY	Annuaires • Almanachs

B-BJ : **PHILOSOPHIE ET PSYCHOLOGIE**

B 1-105	Ouvrages généraux
B 108-5739	Oeuvres des philosophes
BC	Logique
BD	Métaphysique
BF	Psychologie
BH	Esthétique
BJ	Morale

---

1. Cet abrégé a été traduit et réalisé par la Bibliothèque de l'Université Laval qui le publie chaque année dans son *Guide de la Bibliothèque*. Certaines modifications sont cependant ajoutées à certaines sous-classes du système, notamment en ce qui concerne BQT, BQN, FC, W.

BL-BX :   RELIGION

BL	Religions • Mythologie • Rationalisme
BM	Judaïsme
BP	Islam • Bahaïsme • Théosophie
BQ	Bouddhisme
BQT	Église catholique • Doctrines (en voie de reclassification)
BQV	Droit canonique
BR	Christianisme : collections, histoire
BS	Bible
BT	Théologie dogmatique
BV	Théologie pratique
	BV 1460-1650 Catéchèse
	BV 4000-4470 Pastorale
BX	Confessions chrétiennes • Sectes
	BX 801-4799 Église catholique

C :   SCIENCES AUXILIAIRES DE L'HISTOIRE

CB	Civilisation
CC	Archéologie
CD	Diplomatique • Archivistique
CJ	Numismatique
CN	Inscriptions
CR	Héraldique
CS	Généalogie
CT	Biographies d'ordre général

D :   HISTOIRE (AMÉRIQUE EXCEPTÉE)

D	Histoire universelle
DA	Grande-Bretagne
DB	Autriche • Hongrie • Tchécoslovaquie
DC	France

DD	Allemagne
DE	Histoire ancienne
DF	Grèce
DG	Italie
DH-DJ	Belgique • Pays-Bas • Luxembourg
DJK	Europe de l'Est
DK	URSS • Pays de l'ancienne URSS • Pologne
DL	Scandinavie
DP	Espagne • Portugal
DQ	Suisse
DR	Les Balkans (Péninsule balkanique)
DS	Asie
DT	Afrique
DU	Australie et Océanie
DX	Tziganes (Gitans)

E-F :   **HISTOIRE DE L'AMÉRIQUE**

E 1-143	Amérique
E 151-840.8	États-Unis (Histoire générale)
E 1-975	États-Unis (Histoire locale)
F 980-1140	Canada
	F 1051-1055 Québec (Province) (en voie de reclassification à FC)
F 1201-1392	Mexique
F 1401-3799	Amérique centrale, Amérique du Sud
FC[2]	Canada
	FC 2901-2950 Québec (Province)

G :   **GÉOGRAPHIE, ANTHROPOLOGIE, ETC.**

G	Géographie • Atlas

---

2. Sous-classe développée par la Bibliothèque nationale du Canada.

	G 155 Tourisme
GA	Géographie mathématique • Cartographie
GB	Géographie physique • Géomorphologie
GC	Océanographie
GF	Géographie humaine • Écologie humaine
GN	Anthropologie • Ethnologie
GR	Folklore
GT	Mœurs et coutumes
GV	Loisirs • Éducation physique • Sports • Jeux et récréations

H :   **SCIENCES SOCIALES**

HA	Statistiques
HB	Économie politique
HC	Histoire économique • Conditions économiques
HD	Gestion • Agriculture • Industrie • Relations industrielles
HE	Transports et communications
HF	Commerce • Affaires • Comptabilité • Publicité
HG	Finances • Monnaie • Banques • Investissements • Assurances
HJ	Finances publiques
HM	Sociologie (Théorie sociale)
HN	Histoire et conditions sociales
HQ	Sexualité • Famille • Mariage • Femmes
HS	Sociétés : secrètes, bénévoles, etc.
HT	Classes sociales • Races • Sociologie rurale et urbaine
	HT 395 Aménagement du territoire
HV	Problèmes sociaux • Service social • Criminologie
HX	Socialisme • Communisme • Anarchisme

J :   **POLITIQUE**

| J 103 | Documents parlementaires du Canada |
| J 107 | Documents parlementaires du Québec |

JA　　　　　　　Ouvrages généraux
JC　　　　　　　Science politique • État
JF-JS　　　　　　Histoire constitutionnelle et administration
　　　　　　　　　JK États-Unis
　　　　　　　　　JL Amérique du Nord
　　　　　　　　　JN Europe
　　　　　　　　　JQ Asie • Afrique • Australie et Océanie
　　　　　　　　　JS Administration locale
JV　　　　　　　Colonies • Colonisation • Émigration
JX　　　　　　　Droit international public • Relations internationales

K :　　　　　　**DROIT**

K　　　　　　　Droit (en général) • Droit comparé
KD　　　　　　Grande-Bretagne
KDZ　　　　　　Amérique (en général). Amérique du Nord
KE[3]　　　　　　Canada
KEQ　　　　　　Québec (Province)
KF　　　　　　　États-Unis
KG　　　　　　Mexique • Amérique centrale • Antilles
KH　　　　　　Amérique du Sud
KJ-KKZ　　　　　Europe (en général)
KJJ　　　　　　France (en voie de reclassification à KJV et KJW)
KK-KKC　　　　Allemagne

L :　　　　　　**ÉDUCATION**

L　　　　　　　Périodiques • Répertoires
LA　　　　　　Éducation • Histoire
LB　　　　　　Théorie • Enseignement
　　　　　　　　　LB 1027.5 Orientation

---

3. Sous-classe développée par la Bibliothèque nationale du Canada pour la Bibliothèque du Congrès.

LB 1043 Enseignement • Méthodes audiovisuelles

LB 1051 Psychopédagogie

LB 1140 Niveaux d'enseignement

LB 2800 Administration scolaire

LC   Aspects spéciaux de l'éducation

LC 3950-4801 Éducation spéciale • Enfants inadaptés

LC 5200 Éducation des adultes

LD-LG   Établissements d'enseignement

M :   MUSIQUE

M   Partitions musicales

M 6-1490 Musique instrumentale

M 1495-2199 Musique vocale

ML   Littérature musicale

ML 1-109 Périodiques • Ouvrages généraux

ML 113-158 Bibliographies

ML 159-3799 Musique • Histoire et critique

ML 3800-3923 Musique • Philosophie et esthétique • Musique • Acoustique et physique

MT   Musique • Étude et enseignement

MT 90-145 Analyse et appréciation

MT 170-810 Techniques instrumentales

MT 820-949 Techniques sociales

N :   BEAUX-ARTS

N   Art

NA   Architecture

NA 9000-9425 Urbanisme

NB   Sculpture

NC   Arts graphiques • Dessin

ND   Peinture

NE   Gravure

| NK | Arts décoratifs • Décoration et ornement |
| NX | Arts en général |

P :   LINGUISTIQUE ET LITTÉRATURE

P	Philologie comparée • Linguistique
P 87-96	Communication • Mass média
PA	Langues classiques • Littérature classique
PB	Langues modernes • Langues celtiques
PC	Langues romanes
PD-PF	Langues germaniques
	PE Anglais (Langue)
PG	Langues slaves • Littérature slave
PH	Langues finnoises, ougriennes et basques
PJ	Langues et littératures orientales
PK	Langues indo-iraniennes
PL	Langues et littératures de l'Extrême-Orient, de l'Afrique et de l'Océanie
PM	Langues hyperboréennes, indiennes et artificielles
PN	Littérature générale et universelle • Histoire littéraire • Collections
	PN 1991-1999 Radiodiffusion • Télédiffusion • Cinéma
	PN 4700-5650 Presse • Journalisme
PQ	Littérature romane
	PQ 1-3999 Littérature française
PR	Littérature anglaise
PS	Littérature américaine
PS 8000-8599[4]	Littérature canadienne
PT	Littératures allemande, néerlandaise et scandinave

---

4. Sous-classe développée par la Bibliothèque nationale du Canada.

Q :   **SCIENCES**

Q   Ouvrages généraux • Sciences • Histoire
QA   Mathématiques • Informatique • Statistique
QB   Astronomie et géodésie
QC   Physique
                 QC 851-999 Météorologie
QD   Chimie
QE   Géologie
QH   Sciences naturelles • Biologie • Environnement
QK   Botanique
QL   Zoologie • Parasitologie
QS   Anatomie
QT   Physiologie
QU   Biochimie
                 QU 145 Nutrition
QV   Pharmacologie • Toxicologie
QW   Bactériologie et immunologie
QY   Anatomie pathologie • Diagnostics
QZ   Pathologie • Cancer

S :   **AGRICULTURE, INDUSTRIE**

S   Agriculture • Études pédologiques
                 S 560-572 Exploitations agricoles
                 S 671-760 Génie rural
SB   Cultures • Horticulture • Ennemis des cultures
SD   Foresterie
SF   Élevage • Médecine vétérinaire
                 SF 239-275 Industrie laitière
SH   Pisciculture et pêches
SK   Faune

T :   **TECHNOLOGIE**

TA   Génie civil

                TA 501-509 Géodésie

TC   Technologie hydraulique

TD   Technique de l'environnement • Technique sanitaire •
                Techniques municipales • Pollution

TE   Routes

TF   Chemins de fer

TG   Ponts

TH   Construction

TJ   Génie mécanique

TK   Électrotechnique • Électronique • Génie nucléaire

TL   Véhicules automobiles • Aéronautique • Astronautique

TN   Technique minière • Métallurgie

TP   Génie chimique

                TP 368-684 Aliments

TR   Photographie

TS   Fabrication • Produits manufacturés

TT   Artisanat, bricolage

TX   Économie domestique

                TX 341-953 Alimentation

U :   **ART ET SCIENCE MILITAIRES**

V :   **ART ET SCIENCE NAVALS**

W[5] :   **MÉDECINE**

W   Profession médicale

WA   Santé publique

---

5. Certaines bibliothèques utilisent la classe R, développée par la Bibliothèque du Congrès. À la bibliothèque de l'Université Laval, on préfère, comme dans d'autres bibliothèques, utiliser la classe W, développée par la National Library of Medecine (États-Unis).

WB	Médecine • Pratique
WC	Maladies infectieuses
WD	Maladies par carence • Métabolisme • Allergie
WE	Appareil locomoteur
WF	Appareil respiratoire
WG	Appareil cardiovasculaire
WH	Hématologie • Système lymphatique
WI	Appareil digestif
WJ	Urologie
WK	Endocrinologie
WL	Neurologie
WM	Psychiatrie
WN	Radiologie
WO	Chirurgie
WP	Gynécologie
WQ	Obstétrique
WR	Dermatologie
WS	Pédiatrie
WT	Gériatrie • Maladies chroniques
WU	Dentisterie • Stomatologie
WV	Oto-rhino-laryngologie
WW	Ophtalmologie
WX	Hôpitaux
WY	Soins infirmiers
WZ	Médecine • Histoire

Z :   BIBLIOTHÉCONOMIE ET BIBLIOGRAPHIE

Z 1-1000	Livres • Édition • Bibliothèques
Z 1201-	Bibliographies nationales
Z 5051-	Bibliographies par sujets
Z 8001-	Bibliographies de personnes

❏ INDEX

Achevé d'imprimer
en septembre 1992 sur les presses
des Ateliers Graphiques Marc Veilleux Inc.
Cap-Saint-Ignace, Qué.